新闻『微』茶座

范以锦与博友聊聊新闻那些事儿

范以锦 著

南方日报出版社
NANFANG DAILY PRESS
中国·广州

图书在版编目（CIP）数据

新闻“微”茶座/范以锦著. —广州:南方日报出版社, 2012.9
ISBN 978-7-5491-0680-6

Ⅰ. ①新… Ⅱ. ①范… Ⅲ. ①新闻工作－文集 Ⅳ. ①G21-53

中国版本图书馆 CIP 数据核字(2012)第 197472 号

XINWEN WEI CHAZUO
新闻“微”茶座　　范以锦 著

出版发行：南方日报出版社
地　　址：广州市广州大道中 289 号
电　　话：（020）83000502
经　　销：全国新华书店
印　　刷：广州市怡升印刷有限公司
开　　本：889mm×1194mm　1/32
印　　张：9.75
字　　数：150 千字
版　　次：2012 年 9 月第 1 版
印　　次：2012 年 9 月第 1 次印刷
定　　价：25.00 元

投稿热线：（020）83000503　读者热线：（020）83000502

网址：http://nf.nfdaily.cn/press/

序　言

序言之一

@甘惜分：新闻学界泰斗，95岁，新浪微博最年长的博友

运用微博茶座给年轻人讲新闻的规矩，是一种好方式。

当前新闻工作中不讲规矩之一，我以为是套话太多。报刊上很多文字不是自己内心的语言，而是我抄你、你抄他。这样抄来抄去，我们的语言会越来越贫乏，我们的报刊不会受民众的欢迎，我们中华民族灿烂生动的语言文字也将会逐渐丧失。鲁迅等我国语言大师的语言文字是多么光辉生动，我们应当多读一些他们的著作，学学他们的语言艺术。

序言之二

@杨锦麟：香港卫视执行台长，资深媒体人

范以锦的新闻学生茶座，以微博形式持续与广大博友互动，获得预期好评。

其主要特点有三：一是所涉及内容全面、丰富，涵盖新闻传播专业学生就业、见习、学习、职业道德伦理，敬业乐业专业的基本要求，言简意赅，通俗易懂；二是不只是简单罗列，概括陈述，而是援引诸多个案加以说明佐证，立体鲜活，实用性强；三是率先借助微博媒体平台，与学生乃至业界人士直接对话沟通，

即时解答疑难，既是对新媒体传播形式的接受、认同和肯定，同时也扩大了传播范围，互动热络，生动活泼。老范身为资深传媒人，目前任暨南大学新闻与传播学院掌门人，他身体力行，在新媒体领域里作了一次极有意义的尝试，值得庆贺，我由衷期待结集出版后还会有更多积极回响。

序言之三

@喻国明：中国人民大学新闻学院教授，博士生导师，副院长

微博其实是人们对于社会事务的一种导语式的表达。因此，微博所呈现的与其说是一种事实，不如说是一种意见。而作为新闻学的领军者，范老的微博式学术话语，更像当年孔老夫子的论语式的表达。

序言之四

@陈昌凤：清华大学新闻与传播学院教授，博士生导师，副院长

听说范老师的“新闻学生茶座”要结集出版，俺还真有点恼。

逾百万“范粉”定会砸砖。从2011年10月“就业篇”，到今春起身“离座”，四月有余。我这个老“范粉”开了一个文档“范以锦新闻教育语录”，隔几天就去拷贝几则。有时范老师很专心、很集中，我偷懒一次拷五篇八篇，有时他受了诱惑而分心，给我存资料增添了难度。而且范老师写了百篇，竟没有一次标错序号的，倒是我贴得七零八落、没有章法……没想到它是会出版的！

珍爱！小微博中有大教益。每篇微文有事情有观点、有问题

有答案，都是实际而迫切的问题。和蔼慈善的范老师有点令人生疑：他怎么永远都冲在时代的最前面呢？亲爱的学子们，从茶座的香韵里，你们感悟到了什么呢？

序言之五

@曹轲：南方网总编辑

吃新闻这碗饭的快点看过来，这是微博成书的新闻茶座，这是微声细语的兄长叮咛，这是微言真情的贴身家书。想想看，谁没一点青葱岁月的冲动和困顿？谁不讨厌长篇大论的说教和呼喝？这时候，老范的微博茶座开张了，行家出手有惊喜，一杯功夫茶，清香又明目。一句话，典范致用，授人以渔，实乃微博锦囊也。

序言之六

@老沉（陈彤）：新浪执行副总裁兼总编辑

古人讲：师者，所以传道授业解惑也。以往师之道业，多在学堂传授。如今，作为一代传媒研究和传媒教育领军人物，范以锦先生独辟蹊径，通过微博，授业解惑，师生互动。茶座之下，逾百万受众，百篇师长心得，数万学子评论，新媒体形态下，尽显为师之古风，又扩传道之平台。无论从内容还是从形式，范先生的学生茶座本身就是一个经典的传媒案例。

序言之七

@Caitlyn（陈菊红）：腾讯网总编辑

140字太短了，如何挤得下老范多年的行走和言说；140字足够长了，他最要紧的那些话，看一遍就可以印在脑中，揣起理想上路了。

前　言

本书源自我在新浪、腾讯微博“新闻学生茶座”中的就业篇、见习篇、学习篇、伦理篇四个系列的百篇微文，以及博友的互动点评。作者简介、前言、后记都未超过140字。几位博友的序言也控制在私信的字数范围内，并通过私信发来，是名副其实的全微博作品集。

目录

第二系列　见习篇

第三系列　学习篇

第四系列　伦理篇

新 闻 “微” 茶 座

第一系列　就业篇

1. 别受他人左右，唯有尊重自己

微博

范以锦V：又到了校园招聘时，两种心态：充满新闻理想，非传媒不去；从见习中看到了理想与现实的落差，铁心转型。无须受旁观者“对”、“错”评说的左右，尊重自己的志向和兴趣才是最重要的。

互动

罗斯帕森斯：有理想的猛将最可爱。

彭进同学：学习那么久，不去媒体很多人不心甘，去了又恐前途渺茫，呵呵。

Mountain-He：理想大多时候很无力。我在政府机关实习，对公务员这个行业没有兴趣，一时觉得有点迷茫。

陈大任于斯人也：新闻，想说爱你不容易。

白靖利：范老说得很对，一定要尊重自己的志向和兴趣……

GDTV罗频洋：其实我找工作的时候，已经忘了自己的理想是什么，眼里只有现实。或者，理想有时候是需要一点修正的。

carmenchan0818：独立思考，找到基本价值观。

零度-以上：转发此微博，范老师说得没错，工作只是一个开端，未来如何并不完全由开始决定。遵从内心选择最重要。

509的加菲猫Man：嗯，有时候把自己晾一段时间反而更能看清内心。一年前这个时候，我正在准备英语考试，想来香港换个专业，从此换个心情。一年后，坐在CUHK（香港中文大学）的教室里，学了一门叫做social policy的专业，然后发现，这个专业学完，我更想进媒体了。再过半年，毕业找工作了，但愿有媒体收留我。

fishasha：坚持住了也到了传媒了，可是在三大报社以外的小传媒生活，似乎看不到出路。

lin小小小玲：虽几位老师都建议现在研一不要陷于考虑工作的烦恼中，不过范院长说的这个还真的要mark一下。给自己点时间，重新审视一下自己的志向和兴趣。

乖米娜：可是现在越来越多人觉得想进媒体尤其是一门心思只想进媒体的人是个怪物，出力不讨好的媒体已经让很多学习新闻的人不再向往了。有的时候真的在想自己是不是真的不能这么执著，虽然有过犹豫，但却从没想过放弃。

晓华想变成女巫骑着扫帚回家：我是个大一新生，是抱着一定要做传媒人的愿望来的。我已经感觉到自己憧憬的新闻与现实中的新闻不是一个概念，我希望N年后，我还在坚持着。

zzu刘晓阳：我是前者，很想进媒体。但现在却在准备考研，这是在跟随内心的召唤吗?

羊晚张林：都是小马过河，必须自己试一试才行。

东方之子0310：我就立志从事媒体工作，就是现在学历还不行。正在朝这个方向努力!

满儿：我觉得这事还得量力而为。最好有过来人给正在彷徨期的师弟师妹们些指导。新闻这行非内心强大者莫能担当。我也就小女人一枚，嘿嘿！所以站在远处看风景，默默支持关注着新闻的一点点前进和发展，但这未尝不是一种好选择，做力所能及的事就是对社会最大的贡献。希望对师弟师妹们能有所参考。

黄燕仪：先行者之言行可参考，但勿一味轻信。

马家堰：自己认定的方向，不要轻易去改变。

世笑瑾：理想和现实，是我们面临众多选择时都无法割舍的两面。同样地，面临职业选择时，我们要重新审视自己、尊重自身，反问："是否自己的志向和兴趣既可以支撑理想，又可以兼顾现实？"

圆姊姊：范老师，问您个问题，传媒类单位在录人时，看重学生的学校出身吗?

范以锦：回复@圆姊姊：既看又不完全看。有较充分材料证明你"行"，就不看了。

2. 不轻言放弃

微博

范以锦V：如果在见习中发现新闻理想与现实有落差，你就选择放弃，那么请再做一些社会调查：哪个行业没有落差？最后还是回到志向和兴趣上来，如果新闻理想未泯，不应因"落差"而轻言放弃。

互动

白丁小pi：现实太过骨感，被撂倒了。

金浩琦的微博：现在的新闻系毕业生有几个问题：一是理想化，二是眼高手低，三是容易被污染，迷失自我。

金浩琦的微博：把握住自己。不要沉迷理想，也不要迷失理想。

石河子大学熊建军：这个方法很好，现在学生进入媒体很快

觉得新闻理想无法实现，于是就会产生“走出来”的想法。

卡拉马佐夫么：说得好！做新闻，不是一件称得上幸福的事情！新闻理想，是不能实现的梦，却又是坚持的动力。

长安黄晓丽landas：在理想和现实的夹缝中寻求支点。

范以锦：回复@长安黄晓丽landas：是的，要找到支点！

---

lohasQ樱桃肉丸子：范院长，关键是这种落差很难找到平衡点，久而久之，就会产生疑惑，迷失最初选择的新闻理想和道德。当很多人对某些规则习以为常之后，自己的理想已偏离最初的轨道，看到自己的理想的变质是极痛苦的。所以，才会有很多传媒人入道又出道。

范以锦：回复@lohasQ樱桃肉丸子：这不是某个行业的问题，是整个社会在转型期碰到的迷茫。相信明天的美好，但需要你我不放弃的努力。

---

lohasQ樱桃肉丸子：回复@范以锦：谢谢范院长的解惑，的确，我们这代人毕业择业恰好处在社会的转型期，对于迷茫的前程，是应该乐观地看问题，选择好方向，只要让自己无憾无悔就足够。

珠芳园主人：此道理适用于其他行业，试问哪个行业没有落差呢？

炸炸的橱窗：上个暑假实习之后就已经发现这个问题了，但是回到学校之后，静下心来想一想，还是要做一个欢快的“小”记者，这是我一直以来的心愿。

怕怕7：我们学的是新闻，但是书里的新闻道德底线、新闻的基本原则在现实中都有落差，我们情何以堪！

---

lin小小小玲：任何事都会有理想和现实的落差……要有接受挑战的心理准备。

容若小娘子：大家果然不一样，让我这个半路逃兵情何以堪。

常仙鹤：老师，其实我觉得，如果一个人真的有理想，他总能找到实现它的办法。如果仅仅是因为与现实有落差就放弃，那么他就应该再来审视一下自己的理想到底在不在媒体，他是看中了它的光环，还是嫌弃它的艰辛?

范以锦：回复@常仙鹤：有道理，这是对我的观点的补充！

瑞雪眠月站：大学报考的时候选择的新闻，无奈被调剂到国际贸易，学了几年的国际贸易，毕业后出来开始干新闻。一直坚持到现在。为了名正言顺，还特地考了一个新闻学的学位。喜欢这个行业，有一种满足感和充实感。呵呵！

练颖：坚持再坚持，总会看见曙光吧！

小风机：关于“落差”这点，我很有感触。我一直坚持自己的新闻理想，想做个记者，但是家里一直觉得女孩子老在外面跑太辛苦也不好，并不是很同意，可我还是坚持，拒了好几个工作机会，包括父母找的国企。父母也明白我的固执和坚持，也支持我，现在我在努力考研，希望我的坚持和努力能让我实现我的理想。

Thucydides-Lam：纵然有现实差距、心理落差，但求问心无愧，决不同流合污。

乔小鱼：我现在开始在一家体制内的行业报纸做编辑，发现这里很多新闻都非原创，即使记者自己采写的也多是常规的会议新闻，少有深刻或很好的报道。曾经告诉自己要坚持做好新闻，却发现那点微薄的理想似乎蒸发了，人也在散漫的环境里迷失了。

世笑瑾：任何一个职业都必须有崇高的职业理想，当然新闻理想也是每一个新闻学子理应孜孜以求的。就像理想与现实之间会有一定的落差一样，新闻理想可能会在实际操作中遭遇支离破碎，如果仅仅是新闻理想的若隐若现尚不足以构成我们放弃新闻职业的理由。

青山松柏灞陵柳：落差是因为想得太完美，而这个世界上哪里有什么完美的事情，若世界已经如此完美，我们便失去了生存的意义。谁又能说，不完美的世界，就不是一个美好的世界呢?

3. 别挤“独木桥”

微博

范以锦V：非要到知名媒体就业，其实很难。报名筛选、考试、一面（试）二面，千军万马过独木桥。有个窍门：日常许多媒体都会进行社会招聘，拿着能说明你能力的材料去面试容易进入。某知名报业因事业发展和员工跳槽，每年补充100多人，而真正从校园招聘进来的不到一半。

互动

杨名名：范院长说得对，以后通过社会招聘也行呢，而且路漫漫其修远兮，一步步走。盯着校园招聘弄得大家步步惊心。

大眼哥——陈杰：好现象。有新闻理想的孩子们先去别的行业走走看看再回媒体也不迟。

李追月：是呀，去年我们毕业的时候，就明显感觉到很多工作了的记者在和我们竞争。

私家媒体vip：就是，可以先到小一点的媒体积累经验，然后再到知名媒体。

黄保才：媒体运作规律大抵相通，有志于新闻事业者，不妨先找个单位锻炼本领，再从长计议。

胡振：现在新闻媒体招人更侧重有相应领域专业背景的人才。

Y小女子Y：别说知名媒体了，就是当地的小媒体也是很难进的。

鑫蕾的微博：请问老师，能证明自己的材料都包括什么呢？

范以锦：回复@鑫蕾的微博：比如，当记者，要提供能反映写作能力的材料。

新闻吴铭：范老师，我这周四下午要参加南方都市报惠州/江门/中山驻站记者社会招聘面试。从北京去趟广州不容易，在昨天中午逛暨南大学时往您信箱塞了一份随身携带的我们的报纸，逛过之后，立志在未来的日子里考取你们的专业硕士，哈哈。

范以锦：回复@新闻吴铭：啊，欢迎！

世笑瑾：正所谓“君子报仇，十年不晚。不是不报，时候未到”。要达到某种目的可能就要“先避避风头”。进入知名媒体工作，对刚刚毕业的大学生来说是有点吃力，但是，不妨有这种心态，可以过些日子从其他渠道再去应聘，到时候，也许会显得轻而易举。

满儿：真正能坚持到最后的真的不多，尤其是很多女生。能坚持下来的是强者，转行的我觉得也没什么，不过是换个位置继续支持新闻和时代的进步。内心都是一样的，就是一颗新闻人的心呢。

申君：老师说得很对，其实有时候就是坚持和执著，如果很想很想走好，那就真的可以。

4. 宽口径就业

微博

范以锦V：不到媒体就业，不等于学非所用。不是窄口径而是宽口径就业，各非传媒机构都有许多泛媒体岗位，能吸纳大量具有媒介素养的泛媒体人才。移动、电信、联通、电网、烟草等企业及公务员队伍都拥有一批传媒人才，开展内部相关业务和对外与媒体打交道，都是一支重要力量。

互动

沙漠玫瑰1986：同意此观点呢，反倒出现这种现象：咱们今年刚毕业的新闻系学子27个人，去媒体的不超过5个。

石河子大学熊建军：现在的企业、事业单位都需要有新闻采写和公关能力的人。

晓晓青衣：您说的可尽是些体制内国有大型垄断企业。

范以锦：回复@晓晓青衣：包括房地产等许多民营企业也引进了传媒人才，从事内刊、内部网站、企业文化、市场营销等工作。

小恒__-_：赞，我报考新闻学研究生就从没想过以后是要进媒体单位工作，现在国家在发展，各行各业都想把自己传播到国际上，一个公司再怎么也是需要这类新闻传播型人员的啊！

行者乐远：现在是各种媒体高速地、跨地域发展的战国时代。其实各部门的市场部一般是应付媒体的机构，美名曰：媒体应对机制。

一品威客黄国华：范老师的泛媒体人才论很有指导意义。一品威客网作为国内任务型的新兴威客媒体平台，亦急需有专业背景的传媒人才加盟。传媒人才，不但要面向传统媒体，也要面向新兴网络媒体；不但要走向媒体单位，更要走向非媒体单位的媒体传播相关岗位。

范以锦：回复@一品威客黄国华：传媒教育更有信心了！

况小娟走在新闻路上：就业面很广啊！新闻专业的孩子不愁就业，只要不死盯着媒体不放。但我还是想把我的第一份工作贡献给媒体，当作事业来做多好呀。可惜，现实是骨感的。

范以锦：回复@况小娟走在新闻路上：我也觉得，如能先在媒体单位工作，积累经验后再转到泛媒体单位，路子会更顺一些。

南海虎妞： 这让我想起国外媒体培养新闻专业记者的做法：到各专业领域吸纳人才，再授以新闻技巧，很短时间就可培养出专业领域内的专家型记者。呵呵，国内让新闻专业人才到各行各业，国外让专家型人才到媒体，有意思！

陈荣彪： 做媒体人、策划人，总觉得经历与经验（对事物的关注、研判、思考、把握）非常重要，单一的学科学习历程不足以撑起这个位置上的有为之需！

南海虎妞： 所以说，媒体需要专家型人才才撑得起来。刚科班出身的媒体学校毕业生不妨先到社会上摸爬滚打一下，是金子总会发光。

陈荣彪： 知识面与社会阅历面的浅薄对做个出色的媒体人、策划人非常不利！

策_耳倾听： 悲观者要有力，无力者要前行。

世笑瑾： 即使是非新闻类的学生也知道，如今处于信息时代，社会上各行各业对信息的需求比以往任何时代都显得更为迫切。身为新闻类的学生，千万不能怀疑自己的知识储备。只要拥有良好的媒介素养，除了传统媒体可以去，大量岗位也是需要泛媒体人才的，大可以一展身手。

5. 身价在磨炼中提升

微博

范以锦V：有一位学生在南方报业实习想留下来，未能如愿，又到深圳一家报纸见习，依然留不下来。后来她选择了私人企业，两年后又到另一家公司，干的都是市场营销策划活动，身价在上升，常有人以高薪诱其跳槽。她认为，学的传媒知识及在实习期间的磨炼，对日后的工作起到了基础性作用。

互动

退役记者杨桂荣：传媒基础，确实有用！

迪力谜：这的确是一个令年轻人成长的职业。

其实我以前不叫廖柯：总想着毕业就冲入媒体单位实现新闻梦想，这是传媒类学生普遍的一个狭隘的思路。很庆幸当初醒得早。

林刀刀啊刀：范老，我现在也面临着这样的问题，在南方报业实习后想留下来，估计希望不大，但却不知往后怎么走，即将毕业的迷茫。总觉得私人企业不够稳定，变数太大，求指教。

范以锦：回复@林刀刀啊刀：如果您非要在平台比较大的媒体干不可，可先到小媒体干干，然后再通过社会招聘时进去。请关注：许多报纸平时经常招聘人。

林刀刀啊刀：回复@范以锦：嗯，谢谢范老，其实新闻专业能适应的工作范围还是很广的，只是学生心态如何端正而已。

方滚滚：当年毕业我也未能如愿进报社，兜兜转转在工作两年后，实现跳槽南方都市报，一晃又快三年了。就业有时候需要曲线完成，一步到位往往不现实。

carmenchan0818：打了一圈再绕回来也是猛将，不是非一路直走到底才是专心。

温智雄：磨炼很重要！我常以为：多做点不吃亏，等于多学点，增长自我见闻，锻炼了自己的能力。

大吉Darling：学新闻的学生应该更加全面，在本科阶段或者研究生阶段所学的公关广告等其他课程也能够帮助他们在以后的职业生涯中将长处发挥到最大限度。不过新闻出身的学生当然还是想要毕业后进入媒体工作吧。

kitty郭猫猫：新闻专业既有人说是万金油，也可以好好发挥其作用，成为各行各业的强有力基石。

红冠王：实习时起点高，得到很好的锻炼，找工作有底气，对就业有很大的帮助。

羽–麒麟：我觉得不能对号入座，一个好好的新闻苗子被这样磨来磨去终究会磨去激情和理想。为什么他后来转行做了市场营销？还不是对新闻的失望和对理想的丢失，所以老范的话是说给没有坚定意志的人听的，不要对号入座啊。80后、90后跟老范隔了30多年，年轻人多数没有恒心坚持，也没有足够的忍耐力，我们不是老范。

赵_成栋：客户、媒体、代理三方，如果都能实践之，不知会有怎么样的收获？

范以锦：回复@赵_成栋：可能会走向创业之路！

陈玮有话说：希望新闻专业的同学能借鉴，大家毕业了想进媒体，不易；想进好的媒体，很难。但是，你若有笔杆子，有嘴皮子，有思想、眼界和毅力，总有适合你的好地方。

赵紫东2010：我觉得我就是一个明证。全职实习的时候虽然是在党媒，但自己一下子从学生转变到记者，步入到社会，接触到形形色色的采访对象，对自己各方面的成长简直就是超级锻炼啊。

世笑瑾： 刚刚就业的应届毕业生往往眼里只有知名大报、大单位，似乎只有这样的地方才有用武之地。而事实并非如此，当初所谓的小地方也许恰恰就是锻炼自己日后成才的重要地方。

好人阿祥： 无论大学还是职业生涯中，有名师高人指点当然幸运，不过根本的依然是自己的刻苦努力和悟性，包括智商和情商等多方面的积累。出世心做入世事，先做人后做事。

6. 先就业再择业

微博

范以锦V：一毕业就能如愿实现自己的选择，当然不错。但现实并非那么美妙，可先就业再择业。当然也不是盲目就业，尽量与自己的志向沾上边。在实践中积累了经验，有可能按原有志向发展，也有可能找到新的兴奋点，改变原来的选择。比如，充满新闻激情的人转向广告等经营的大有人在。

互动

黄沙北岸：我转向了机关，争取做个新闻官。

宅甲-粒粒橙：转向市场营销，也很棒的!

李长振：转向政界的也有，毕竟新闻和政治是那么地密切。

月明-Amy：是的，既要有理想也要理性面对现实，理想和现实总会找到一个契合点的。

清心莲子：做新闻好还是做广告好？做了广告，还适合转去做新闻吗？

卢真伟：范院长的话让我想到一个在校的师妹的体悟：到媒体做广告，客观上能帮助更多的记者去实践新闻理想，所以做广告也是一种实践新闻理想的方式。

清心莲子：新闻和广告，做哪个行业更好呢？

刘俊卿ljq：回复@清心莲子：这个很难说吧。看兴趣，看机遇，看个人的意向。广告和新闻都有人才，但是其实这两个行业也有本质的区别。

世笑瑾：“骑驴找马”这种说法和“先就业后择业”其实是有异曲同工之妙的。如果我们刚毕业选择工作的时候不能投己所好、如己所愿，但至少也不要南辕北辙，相去甚远。最基本的底线应该是现在的工作可以对以后的职业生涯有所帮助。

Y线支部书记-冯韶文：范院长说的在我身上得以显现了，向院长报告下，我从腾讯又回到了南方报业。

龙红艳：是回归原志向还是就此走下去，有时很纠结。

lzy李志勇：应该是骑着马找马，你们说对吗？

燕山大讲堂：坚持学习，只要志同，总会找到“道合”。

范以锦：即将毕业的学生，迷茫、彷徨者不少。是坚持原有志向，还是改变它，很纠结。这与底气不足有关。强化知识积累与深入了解社会，才能从迷茫中走出来。

7. 女记者更艰难

微博

范以锦V：新闻专业“阴盛阳衰”，女记者越来越多，作用与男记者不分高低。但现实中男女还是有别，哺育子女方面母爱比父爱倾注更多，高危采访女性更艰难。那些比男性还厉害的女记者，除了自身素养之外，与家庭等环境也有关。当女记者，要有充分心理准备。能跨过这个坎的，还真不少。

互动

杨小玺：范老师，不仅记者这个行业是这样，整个高校里，太多专业，男同学在考试、考证拿就业筹码方面，都竞争不过女同学了。

范以锦：考试考不过女生，面试时女生的嘴巴也很厉害。

李思磐：大学不仅要培养优秀专业表现，也要培养整体素质，尤其是男生支持未来妻子干事业，共同分担家庭养育照料之责，共享天伦平衡生活的能力。只有如此，媒体工作才能摆脱血汗工厂青春饭。

江苏人民代表：考试不能代表能力。

王秀宁：评论圈子里，女性还是比较稀有的。

李思磐：个人印象是女评论家作品质量更稳定。

木毛静：我觉得各有优势吧，女生更具有亲和力，某些采访还是女生更容易胜任。

杨名名：研一去香港普利策新闻奖工作坊听讲座。有场讲座话题是“新闻业的性别议题：女权崛起”，题目起得很大，但对对面一排中外名女记者来说，根本没有什么性别议题。闾丘露薇当时讲：工作表现参考的是你的value（价值），与gender（性别）无关。也许高危采访需要特殊考虑，但另一些采访中女性亦柔亦刚的特点更有一种温柔的力量。

范以锦：回复@杨名名：赞同！女性在某些方面有超越男性的优势。总体来说，女记者比男记者的压力更大一些。

HL黎：无论是媒体招聘还是研究生录取，男同学总是格外受青睐，性别成了不言而喻的优势。

孙荣凯_Sam：可能在文字记者这一块，男女比例趋于平衡。不过我当时去报社实习的时候，听摄影编辑说过，他们这块还是需要一定量的女记者的。有些任务如果需要出差，一个女文字记者外加一个男摄影记者就不如两个女记者去效果来得好（便于交流）。范老师觉得呢?

范以锦：回复@孙荣凯_Sam：似乎没有道理!

孙荣凯_Sam：回复@范以锦：这可能也是一家之言吧。范老师，您对摄影记者这块怎么看?女摄影相比男摄影，整体上更显得弱势一点（能力上的话，我觉得各有千秋，尤其是视角，而非技术）。

李雨思：据说科研战线上的骨干目前也是女性占了半边天。

陈昌凤：记者行业与教育专业的性别比例等亦相关。

张习如：家务和哺育抚养义务在两性间的平等才是出路。

小小荧火虫pinky：女记者须努力在工作和生活上寻找平衡，要付出更多。

聂星：女记者的文字特征鲜明，大多很清新，长于叙事，女记者多了也没啥不对。

世笑瑾：身为新闻专业的女学生，自己可能更能感受到女性

在职业选择上的顾虑，成为优秀的女记者实属不易。在以后的职业生涯发展中，女性相比男性，除了自身具备基本的媒体素养，还需要做好心理、身体、环境等各方面的准备。只有这样才能既坚守新闻理想、献身新闻事业，同时又兼顾家庭生活。

8. 想进新媒体先到传统媒体历练

微博

范以锦V：新媒体到传统媒体挖人日盛，陈菊红、杨斌、李甬、孟波、李玉霄、傅剑锋等纸媒知名人士，纷纷进入腾讯、新浪、网易大显身手。如果想进入新媒体或泛媒体岗位，最好先到传统媒体历练，即使进不去就业也要想办法见习。传统媒体严格的媒介素养训练，将使你受益匪浅。

互动

小熊皮：范老师的话语总能给人醍醐灌顶之感，对我们这些不知前路的传媒学子很有启发。

杨扬在现场：没错！传统媒体会让人更严谨。

张丹丹：范先生的实用帖，窝心。

羊城晚报何奔：范老高度肯定传统媒体的素养。

孙荣凯_Sam：同意范老师的说法。之前您说媒介素养的时候，我也特意查了一下。制作、记录和传播信息的能力，确实能在一线记者这个岗位上得到提升，进而增加从业者的阅历。

疯来酱挡：传统媒体比新媒体的门槛高多了吧？去网站反而更容易些。

胡其萍：这些都是很多年前的事情了。现在互联网媒体并不是那么稀罕传统媒体的人了。一方面是因为资讯媒体门槛低，互联网自己培养的人才足够用，另一方面网友对资讯媒体的需求越来越少。

韦英平：赞。传统媒体是新媒体的历史。人总要学点历史。自己的历史就是宝贵的经验，通常课堂及书本学习是无法替代经验的。

芒腻腻：这个蛮有道理，纸媒是挺练基本功的。不过他们的跳槽是否跟网媒的发展势头和对纸媒的冲击也有莫大关系呢？

花喜小天：毕业的时候，齐老师深深地叮嘱了我们这句话，在传统媒体实习之后的我们，都将会牢记那个时候所做的一切一切，如此看来，齐老师跟范老师是有多让我们敬佩啊！

雪天行健：会跑之前先学会走，虽然老夫这个类比可能不太适当，但老范院长的忠告值得思考。

田甜1988：我也相信，传统媒体严格的媒介素养训练，是最锻炼人，最叫人难忘的。

妩舞San_0：我也觉得我这两年来走错路了，走弯路了，兜兜转转，方领悟文字及思想是最重要的。

世笑瑾：不管是我自己的实习经验还是听身边认识的人总结，新闻专业的学生还是应该到传统媒体历练一段时间的，它提供给你的是新闻行业最需要的精确、严谨的职业训练。如果说新媒体相对传统媒体只是技术的改革，那么传统媒体的“内容为王”依然适应于新媒体，所以传统媒体的历练势必会为以后锦上添花的。

李方：某种意义上我也不建议大学生毕业直接进网络媒体。但是，也别太晚，因为职业素养的养成要在30岁以前。拿我来说，转行太晚，各种困扰只有自己知道。

冬季石门：某种程度来讲，一毕业就能进入腾讯、新浪、网易又是何其幸运。

傅剑锋：呵呵，按李老师的说法，我也转行有点晚了，都30岁的人了，又从头开始。但从另一角度言，经历构成人生，听心而行亦无妨，平媒网媒各有优长。

范以锦：如果认准了新媒体，我也赞同趁年轻进去。

曹轲：关于媒介素养的严格训练，谨记范老忠告。即便如此，或者正因如此，想必转入网络媒体的报人，仍少不得脱层皮。

许恬甜：相比而言，我还是愿意去传统纸质媒体锻炼和学习。

陈栋栋：看来纸媒里工作一段时间会发现金矿。

黑夜黑眼睛：传统媒体会让人学会很多东西。

任冬晓：新媒体不成熟，必须有在传统媒体的历练。

微晓之后：接受专业的实习经验才会有更好的实践。

罗青青：新媒体的人还是要在传统媒体里培养。

格格巫：的确承认传统行业有它的优势，但是新媒体行业更符合市场的需要。

付陶灵：素养的训练，这是作为媒体人最应该具备的。

王霞：传统媒体能让我们学到很多比较系统的东西，也能让我们学会作为媒体人的素养。

章捷：就像是在做大事之前还是要磨刀的嘛。

慕蕊下发限愚令：学新闻的不去媒体实习，真的就白学了。

钱飞阳：学校应该和传统媒体对接。

刘超：其实很多时候，有些媒体虽然门槛高，但是只要你努力，是可以进去的。有过亲身实践才会更了解的。

依赖迩所有：确实是需要见习的，这也是一种敲门砖和捷径呢。

9. 推介信任能力

微博

范以锦V：非媒体单位招新闻学生，是因为需要媒介素养人才。但学生会被问：“为何不选择媒体？”有多种回答，比如“非媒体单位急需媒介素养人才，大有可为”。这，别太当一回事，最重要的是要说服他们，自己学的新闻知识与正在选择的岗位关系多么密切，推介胜任能力和创新思维。

互动

赵绍华律师：对，千万不能说媒体都不要我我才到你这里的。

向日葵也是花_琰琰：嗯，还是要努力说服面试官，自己与应聘岗位的匹配度。

夏小G：范老师，我大概要转行去做媒体统计了，心里很忐忑。

山东传播小王子：转发此微博：嗯，范老师说得很有道理，学生记住了！

地瓜M：范老师，我的专业是传播学，刚研一，我对自己未来的工作也不是很乐观，对于我来说专业技能是没有的，同时语言表达能力也不强，文采也一般，再看到毕业的一届大多都考公务员了，很悲观，继续从事本专业似乎很无望。考公务员是最好的选择吗?

范以锦：回复@地瓜M：还是那个观点：弄清自己的志向和兴趣在哪里。有时虽有从事某个岗位的志向，但条件所限无法实现，这就要培养新的兴趣点了。

大不裂癫琪：总说媒体单位喜欢招有专业指向的非科班出身学子，其实普通企业也很需要有新闻素养的人才，他带给企业决策者的眼光和创想，往往很独到。

趣树：这样回答是否妥当：用学到的媒体知识到非媒体单位工作，我想更有用武之地。

陶冶印象：这个确实需要考虑，而且非媒体单位，想好怎么接纳新闻学生了么？他们会和其他文科学生有什么不同?

世笑瑾：就业时往往会出现专业不对口的情况，对新闻类的学生来说，这种情形也绝非少数。此时，要有这样的自信：自己的所学和所拥有的媒体素养能为单位更好地服务，应对如今的信息时代也会游刃有余，自己会是此职位的最佳人选。

10. 面试有备而来

微博

范以锦V：不同的媒体有不同的喜好，有的喜欢个性强、充满激情、有创新思维的学生，有的喜欢听话的、“执行型”的，大多喜欢介于两者之间的。这与一个媒体单位已形成的企业文化和管理者的理念有关。面试前，对选择的单位的文化氛围和管理者的理念要了解、分析，做到有备而来。

互动

从大汉到盛唐：范院长说的两种类型的人才，新闻媒体都很需要！

中山大学纪岚丹：不过要做到对单位的文化氛围和管理者的理念要了解、分析，绝非易事，事先比较深入的实习显得特别重要。

范以锦：回复@中山大学纪岚丹：进去见习，什么都明白了！

中山大学纪岚丹：谢谢范老师回复。之前我在南方日报地方新闻中心实习了两个多月，也发表了两个长篇调查稿，对于南方日报的文化氛围、理念及写作要求都有了初步的认识。

世笑瑾：俗话说"不打无准备之仗"，就业选择单位同样不例外。每个组织都有内部文化和管理理念，各有不同。这种情况最适合一句话，"没有最好，只有更好"。选择适合自己的，与自己品行和气场最符的才是最关键的。

记者刘子瑜：要选好的媒体，因为报格非常重要。

小美：要了解公司的口味，看自己是不是适合。

爱心汤匙：媒体的喜好，也会带来不同喜好的读者群。

正睿：对准了胃口，成功的几率就会大些了。

建英：一个好的平台对自己的影响是非常大的啊。

11. 别只盯着大报

微博

范以锦V：我指导的两名研究生报考省内一知名报业，失利后到一地市报业就业，一位当政文记者，一位为文化娱乐记者。实操一段时间后，觉得能体现自己的价值，感到很充实、很开心。想到较高级别的强势大报工作无可非议，但那里人才济济，到其他报刊也许一样能找到施展的良好平台。

互动

陈荣彪：如英超球员，能打上比赛的总比坐冷板凳好！

妩舞San_0：嗯。一流大学的学生尚且如此，那么像我这样在二流大学里学非重点专业的新闻学学子前程如何呢？我们进入地方媒体的几率更是渺茫。如果一开始就放弃媒体，怕自己从此就与新闻无缘了。

我也是有故事的人：找一家媒体单位不难，找一家大媒体就难喽！

athenass：范老师说得很中肯，是金子总会发光，应届生真的应该善于把握每一个可以舞蹈的舞台。

海威小纯洁：既要仰望星空，也要脚踏实地！

舟-joe：宁为鸡首毋为牛后，小地方也能发挥才能。

世笑瑾：有句诗写得好："山重水复疑无路，柳暗花明又一村。"知名强势大报势必是个好的平台，但也同样不乏优秀人才。有时候退一步海阔天空，只要本身功夫深，在何处都能施展拳脚，有所作为的。

燕山大讲堂：媒体这个行业，真有点"锥处囊中，其末立现"。

思哲：工作不是主要的，主要的是体现价值。

12. 不因院校层次而自卑

微博

范以锦V：一家有影响力的地市报老总对我谈起某二本新闻学院学生，印象“很好用”。他们试招的几名学生学习勤奋，又曾在媒体磨炼过实操能力，上手快。有了示范作用，这家学院学生现在已进入他们每年招人的视野中。以勤补拙功成名就者大有人在，更不必因院校层次问题而自卑。

互动

王小舫：说得太对了，勤能补拙，深有体会。

赵紫东2010：不自卑的人大有人在，但是门槛就在那里摆着。没有办法。

范以锦：回复@赵紫东2010：进入有门槛，奋力跨越吧！

一条情感丰富的毛巾：但现在报社招聘，都会有一个毕业于211院校或者一本院校的硬条件在那里，这让我们这些二本学校的新闻系毕业生有点无助。

中山大学纪岚丹：多跑跑，出好稿。

江上叶俊：希望更多的媒体领导有范老师的意识。

和尚_001：在记者站，也有很多优秀同事毕业于二本学校。

宅在家的涛：但是不是所有老板都像您那么有前瞻性，根本是连机会都不给啊！

罐罐里的虫虫：以勤补拙，跟是否名校无关，无论是谁都得且都愿意在自己热爱的岗位上勤奋，以体现自己的价值，实现个人的价值。

杨森林729：范老师在说我们学院吧。

Hillen-Xiao：@杨森林729：师兄，这个示范作用的人指的是你么？

杨森林729：回复@Hillen-Xiao：你懂的。

Miss桂婵：这个某学院就是我们广东商学院，对不？范老师，哈哈……周智琛老师对我们广东商学院真的影响挺大的哦，

嘻嘻……

全球村长：@杨森林729：是的，范老师已经在多个场合讲起这件事。这是我们自己争取的，是我们共同努力的结果，再接再厉。

北门正街的HPdum：由于生源优质，即使学校给予不了我们什么，但广商学生的素质不差，各位求职的师弟师妹要对自己有信心，加油！

杨某鸭：实力胜于学历！

周智琛：哈哈，范社长指的学校是广东商学院，那话也是我们说的。

竟陵陳潇：回复@周智琛：曾去东莞报业集团面试，一小时笔试，然后几位考官轮番发问，持续近半个小时。考官态度严谨，提问专业，值得敬佩。

典紫冰冰：哇，广商新闻系威武，我们再接再厉。

妧舞San_0：谢谢@范以锦老师。希望自己可以做个铺路人。

家务男人：我记忆中貌似很多优秀记者都出身寒微。我也相信，只有经历过寒微的记者，才能真正透视社会现象的层层迷雾。可惜现在很多记者，从象牙塔出来进入另一个象牙塔，做的都是象牙塔式的文章。曾经离开过记者岗位到社会上转悠，发现很多事情记者是看不清的。

Anchor子非鱼： 比到最后还是比自己！

清氓： 嗯，就是这个理，二本院校的毕业生很多时候差的只是机会，所以先树立信心，培养踏实的心态吧。

十豆三-Liemor： 勤奋值得传播，这种模式也好，可怜我们后起的211新闻啊。

柚子pekey： 我担心的就是这个，现在好了。

ND草履琼： 既然大家都知道老范说的是广商新闻系，那我就再转一下！个人感谢南方的收留，范老这番话，也将鼓励广商学子更加有信心冲南方！

和尚_001： 其实，如果报社愿意从二本学校招经济管理等非新闻学生的话，人才结构会更好。因为薪酬等原因，重点院校热门专业毕业生不愿从事新闻行业，但二类院校的就有可能将此作为终身职业。这有助于打破文科人才主导媒体行业发展的现状。

13. 地市报变革急需人才

微博

范以锦V：地市报纸今非昔比，像东莞报业的市委机关报东莞日报、都市类的东莞时报办报理念先进，从报纸的厚度、版面视觉到办报内容都试图打造大报风范。这一变化与他们不断引进人才有关。许多地市报都在变革中，苦于人才缺乏。这对新闻学生来说是机遇，别只盯着省级媒体。

互动

贝贝战斗机：确实如此。而且相比于京沪广这类大城市，其他很多地市生活会更轻松，房价就是个很值得毕业生考虑的因素。

Cheryl_ChenQi：作为一名外校非新闻专业的学生，却有幸参与今年的传媒领袖讲习班，感谢范老师和其他老师！谢谢老师们提供了一次更近距离的接触新闻、接触真相的机会。看着自己厚厚的那沓笔记，真心感动。最后，我也会成为一名记者的！

小兔兔乖乖1987：我是武大新闻系的学生，也是今年的应届毕业生。我周围苦逼的找工作的孩子们，庆幸还有您关注新闻系学生的就业境况。我们现在是高不成低不就，媒体还未招人，企业要么不要我们专业，要我们专业的要么指明要男生，要么女生身高在一米六以上，再不然就要求本科硕士全都是211院校毕业，再要么就直接内部消化。

小兔兔乖乖1987：而现在在招人的媒体，都说先要去实习。可是我们现在既不敢放弃招聘宣讲，又怕万一实习耗了时间，最后签不成，竹篮打水一场空。不实习的话，直接连这个工作机会都没有了。纠结啊。

贝贝战斗机：回复@小兔兔乖乖1987：大二大三暑假时就应该去实习。现在才想着去的话，有点晚哦。媒体这个工作，招聘前没有实习经验基本很难。

让伟哥飞：地市党报近年发展都还不错，像江门日报近年来对人才需求也比较大，但一直苦于找不到好的新闻人才，如果我们新闻系学生能转向二、三级城市发展，前景会更广阔。

小兔兔乖乖1987：回复@贝贝战斗机：我的实习经历其实还蛮多，但是这些经历只能作为你再去别家媒体带薪实习的资本，而要直接签约，是不太可能的。这也正是让新闻系学生纠结不已、痛苦不堪的原因之一。

程向心Rina：但体制创新才是本源动力啊。没有新闻体制的变革，条条框框的束缚和行政管制的制约，会使新闻媒体难以真的做大做强，“小、散、乱”的格局也难从本质上改变。唉，一边在现实努力，一边等待时代的变化吧。

世笑瑾：还好有“地方报纸的今非昔比”，现随着大学的扩招和新闻教育的发展，每年的大学毕业生人数剧增，就业形势也非常严峻。有了发展有起色的地方报纸，也让我们这些刚刚毕业的学生多了一种选择，多了一个发挥才智、实现价值的平台。

周智龙：要敢于从底层做起!!

十豆三：好，向地市迈进!

燕山大讲堂：可能取决于是否适应地市级城市的游戏规则，有的人游刃有余，有的则是“闯入者”。

赵腊平：完全赞同范老师的意见。磨炼人才，未必一定要大报大刊。有时候，地市报或许更能为年轻人提供一个充分施展才能的舞台。而有了舞台，有了熔炉，百炼就成钢了。

14. 以“我能改变什么”的心态受聘

微博

范以锦V：有位学生受聘广告经营差的一家报社的广告部，凭她的能力完全可以进入条件好的广告公司。她告诉我，实习时发现他们经营思路有问题，提建议被采纳。她抱着“改变现状”的心态受聘，很快成为骨干。何必死盯条件好的单位，换上“我能带来什么、改变什么”的思维方式道路也宽阔。

互动

李松林-哈工大：范老师讲得很好，就业的心态很重要！

翁宝：年轻人能有此心态，未来当是担当之才。

何智敏X21世纪：这好比在签对赌协议！

糖糖的围脖1122：这个好需要勇气……

菠萝包还是菠萝包：院长最近的茶座宛如一股清泉，总让迷失的我看到曙光。

我能想到的昵称都被抢先注册了：范老师，您是个善于用人的好军师。很多媒体单位缺的就是能给予手下自由驰骋的空间，不拘一格降人才的领导。不然，当一个单位里升职不以人才论时，何谈什么效益啊前途啊？

陈昌凤：换一种思路，海阔天空！

谷雨妃：同意！要有自由发挥自己才能的天空！

中国营销资源在线：每片土地皆可被有心者耕耘。

邓布利多：“我能带来什么、改变什么”，求职心态，如此而已。

蔡景伟是胖纸：“我能带来什么、改变什么”的思维方式可以让你的道路更宽阔！

世笑瑾：成为骨干，既要有谏言者，又要有善于纳谏者，缺一不可。在一个岗位上有“我能带来什么、改变什么”的思维方式实属难得，而同时有一个从善如流的上司，亦是福气。幸运地同时兼备了，那职业道路会走得非常精彩。

梁姗姗：如果当年有这番指导，我会少走不少弯路，不错的就业指导系列。

15. 关注需求动态

微博

范以锦V：不同地区、不同媒体对人才需求不同，即便强势传媒集团也需要不同层次的人才。在校园招聘时列出的往往是比较重要的岗位，而日常的社会招聘中大专生也招，包括办公室文秘、报料、校对等岗位。有些地市报因招不到或留不住名校学生，也会降低门槛。各媒体需求动态要关注。

互动

幽壹：学新闻专业的，好像有相当一部分并未从事媒体工作。

Taujou：回复@幽壹：一部分原因是面对具体专业新闻的时候不够专业。

世笑瑾：鸡头和凤尾的抉择，两样都有自己的存在之理由。人终究会有某种情结，如果在核心岗位上，不能进入强势传媒集团，但是始终觉得不甘心，那就只能选择做凤尾了。或为鸡头，或做凤尾，纯属个人意愿，不过还要能找到鸡或凤。

张文齐：其实不管单位如何，先学点东西才是最重要的，毕竟现在这个社会挑战与机遇并存。

16. 老“跳槽”，累不?

微博

范以锦V：“发行魔鬼”谭军波，大学毕业就职南方日报、南方周末、南方都市报，从采编到经营、从员工到高管。继而北上任京华时报发行总经理，又转战上海、成都。最终告别大都市落脚东莞报业，任副社长兼东莞时报总编辑。我问他：“还‘跳’吗？”他回答：“房都买了，真不走了！”

互动

佳佳geiao：怎么就有了“发行魔鬼”的雅号呢?

moonjoy2012：我不信房能捆绑人哈。

肖经栋：军波兄的经历在拙著《记者圈》一书中有详细介绍。他乃率真之人，一见如故，为我敬重。

南大胡飞军：范院长，还能说什么呢，这只能说军波是一个奇迹。

贾肖明：日久生情，定居东莞！

Chaser苏：东莞报业近几年用了很多人才啊！可见核心管理团队开放、开明，在传媒国企圈子里实属不易！持续看好！

世笑瑾：“发行魔鬼”也真不是随便安的。在传媒行业，“跳槽”虽不鲜见，但是能称得上“发行魔鬼”的也不多吧。我想人还是安稳的好，就业也一样。

MORE：跳久了会累的，适当就好……

17. 看准区域优势

微博

范以锦V：地市媒体为何有发展潜力？中国许多地市欠发达，甚至贫穷落后。随着国家发展战略的实施，地市经济发展和城市化进程加快，支撑媒体的物质基础越来越厚实。地市综合类媒体区域优势明显，与许多客户按区域投放广告的策略吻合。看到地市媒体的发展空间，看准了就选择。

互动

Taujou：中原经济区上升为国家战略，可以选择河南。

紫薇清嘉：刚好最近有媒体分析为何要逃回北上广。原来地方媒体确实只有广告好做。

谭铁匠：地市媒体目前遭遇发展瓶颈，多面遇敌，一方面是3G时代资讯接收方式的多元化致地方媒体传播力减弱，一方面是大媒体在地市的攻城略地致地方媒体发展竞争激烈，还有一方面是地方舆论管理趋紧致地方媒体话语权阵地缩小。发展潜力之说，实不敢苟同范教授之说！

范以锦：回复@谭铁匠：我这里说的是经济发展潜力。至于社会政治生态环境，各地有差异，且大媒体也一样。广东的大媒体够强大了吧，攻城略地攻下的也不多。原因是地市媒体做足本地新闻，在当地的发行量始终压倒外来媒体。强龙压不倒地头蛇。当然，如果不引进人才，也会失守阵地。

谭铁匠：回复@范以锦：2012年很特殊，地方媒体要做好经济走低和舆论收紧的准备，挖洞积粮做好本分或许是个不错的选择。

花果山上的一亩三分地：媒体传播更有区域特征。

江上叶俊：农村媒体呢？是否也很有潜力？因为农村的购买力也在增强，农村人口庞大，但农村媒体到达率却很少，尤其是纸质媒体、网络媒体。

范以锦：回复@江上叶俊：农村类的媒体萎缩得很厉害，但广东的《南方农村报》办得不错，以维护农民权益和为农民、农村专业户服务为己任，头条大量是舆论监督的稿件。这些年发行、广告和利润一直在上升，虽赚不了大钱，小日子过得还不错。他们重视人才引进，走了人，赶快又引进，不断层。

石河子大学熊建军：我们也在一遍遍如此告诉学生，但是更多人愿意生活在大城市，这难道和中国以大为美的审美判断有关？

走走______：因为城市让生活更美好。

郑支良：大城市相对而言比较公平，机会均等，虽然生活艰苦些，但是能够体现自己的价值。但是小城市一般都是拼爹最严重的，各种纷繁复杂的关系网络让人欲罢不能。

范以锦：回复@郑支良：传媒大学生大多想进大媒体，可以理解；问题是不易进。因此，讲讲地市媒体的优势，期待就业思路开阔一些。

杨森林729：回复@范以锦：现在觉得当初选择地市报还是一个正确的选择。

花喜小天：范老师，地方媒体除了拼爹、不好进不说，进去了能发言的时候也很少。大多数拥有新闻理想的人进去了，理想也就慢慢退化了，这个生存现状，一直难以改变，想进进不去、进去了难成气候的尴尬时刻困扰着我们呢。

斤_斤：刚毕业，进了广东地媒。我觉得很多时候，毕业生高呼新闻理想，或者当我们的设计创意被否定时，是否想过自己有没有把事情做到本位，能力范围内有没有充分利用资源。理想一开始放太高太大，是我们把自己神圣化了。

资深花痴：专家型领导，眼光就是不一样！

世笑瑾：在专业学习上我们知道，英美的社区报也同样是发挥了区域优势，广告投放效果显著。回归到我国自身的特点，各个区域发展不平衡，地区有差异性，随着国家逐步的战略实施，地方经济也会发展，相应地，地方媒体也会水涨船高，有不小的起色。

满儿：就目前一些地方的发展状态及前景来看，并不很明朗。既然是就业，为什么一定要在媒体这棵树上吊死？学什么专业就一定要从事什么工作的年代早就一去不复返了。

18. 知识与就业非“立竿见影”对接

微博

范以锦V：“工作三个月了，做的是写方案、订制度等琐事，与所学专业基本无关。”我指导的一名研究生昨发来短信。学的知识与就业岗位，不是“立竿见影”的对接，切勿轻言“无关”。刚又接短信：“将到材料组、特刊组。”这就更有关了。写方案、做特刊，媒介素养能助一臂之力。

互动

彭进同学：学的知识与就业岗位，不是“立竿见影”的对接，切勿轻言“无关”——受益良多。

妙语连娟：我实习的工作都是跟媒体有关的，我倒想尝试别的工作。

康小琪999：我是快毕业的学生，最不喜欢以后找个跟专业对口的工作。

红冠王：范老师，有媒体人认为学中文专业干新闻采编工作不比新闻专业的差，甚至更有成就，因为学中文的更会写。您觉得新闻专业毕业生与中文专业毕业生相比，在就业上有什么优势？

范以锦：回复@红冠王：学中文的由于集中精力练好文字功底，往往进入媒体时“上手慢，后劲足”，新闻学生正好倒过来。但这些年情况有变化，因为学中文的也到媒体见习，培养了媒介素养；学传媒的，一进来就被提醒“后劲”问题。加上这些年传媒业的变化，并非靠文字功力就能取胜。因人而异吧！

记忆的忘川：范老师您好，真诚请教一个问题：我是传播学专业的研究生，现在就业面临一个尴尬问题，报考公务员等岗位，如果专业要求是新闻学相关专业，那传播学就通不过资格审查，但是也没有招考传播学的，屡屡碰壁，很是迷茫。传播学和新闻学不是一回事，但传播学的出路在哪里？

范以锦：回复@记忆的忘川：传播学专业的也一样学了许多新闻学知识，有些机构排斥，是因为他们不了解情况。但一些机构和企业在招聘品牌策划、市场营销人员时，则偏重于传播学的了。

记忆的忘川：回复@范以锦：多谢范老师百忙之中解惑！牵扯到具体专业，一些认识上的壁垒短期内无法消除，看来要走的路还很长啊，我还是静下心慢慢寻觅吧。

记忆的忘川：寥寥数语足以解惑，转发铭记之。真心期盼能有专家为招考单位做出明确的引导，让学生少一些无奈啊！

音色味感：范老师，我是一个普通的新闻学本科生，在一个电视台外包栏目做剪辑、撰稿、配音都一年多了，现在想做回记者，但觉得如果要是进去正式一点的新闻单位，都是要靠点人际关系的，要不就自己在学校很厉害，可以拿出点成绩出来。事实是这样的吗？麻烦赐教！真的想做回老本行呢！

范以锦：回复@音色味感：绝大多数凭本事，不是凭关系。请关注各媒体的招聘信息，当然招聘时少不了作品材料。如果什么都没写过或写的水平欠佳，就不容易进了。

音色味感：回复@范以锦：谢谢范老师赐教！

世笑瑾：我想这种情况，和我们大多数有实习经验的同学的经历是相吻合的。初涉媒体，如果每天干的不是采访、写作的工作，似乎就有点所学无用的感觉。殊不知，这只是一方面，其实大学几年的所学所思及所形成的专业素养已经内化为自身能力的一部分，没有明确的分界线，当然也就绝没“无关”一说。

19. 非新闻专业入传媒也有优势

微博

范以锦V：有博友问我：学英语的能进传媒吗？不仅外语，还有法律、经济等进传媒的真不少。那些专业类报刊也会招一些专业人士。暨南大学会计专业的一名毕业生原本在四大会计师事务所之一工作，因新闻激情的冲动跳槽到21世纪经济报道。要进传媒，必须让人认可你的媒介素养。你准备好了吗？

互动

红色蒲公英--：说的是丁青云吧，我看了关于南方2010年度记者的那本书！很好看！

范以锦：回复@红色蒲公英--：就是丁青云，她从审计到记者成功转型。

凉飕飕温暖暖：很好奇，求书名！

红色蒲公英--：回复@凉飕飕温暖暖：《南方传媒研究·第26辑：记者共同体2010》，南方日报出版社出版！

李微敖：《财经》杂志出自四大的应该不止10个了，呵呵……

赵东山：范社长说得对，我还是学农业经济学的呢，也在媒体做了这么多年。

颍川郡守：身边学编导的、历史的、法语的、物理的、经济的、会计的、外交的、政治的都有。

新闻出版曾鸽楠：学英语的进新华社很有优势，新华社对英语要求挺高的，要求六级520分以上，很多新闻专业的优秀男生都达不到这个标准。记得我们学校原来有个英语专业的女生，都进新华社的三面了，还在问消息是什么，通讯是什么。哈哈哈。另外，学英语的进中国日报也很对口哈！

Elaine_娜：英语专业的我正准备报考新闻传播的研究生……给自己加油！

弦言碎语_pf6：这种复合型人才从一定程度上来说比专业的新闻学生更受欢迎吧。

Taujou：新闻专业的学生再修一学位就好了。

江月要做一棵树：那范老师，学教育的转学新闻能发挥什么样的优势呢？两者之间最好的结合点在哪？

范以锦：回复@江月要做一棵树：学教育的，要学心理学吧，当记者这也是一种优势。基础知识是相通的，尤其是媒体岗位，任何知识对媒体人都是一种有用的积累。

江月要做一棵树：回复@范以锦：嗯，我在看传播学的书的时候，发现它是很多社会学科的交叉与延伸，特别是它的一些实验和受众理论，都觉得在心理学的学习过程中已经接触过。做媒体确实需要像海绵一样去吸收知识的能力。不过教育专业出身终不能像经济、法律、历史那样有明显的优势吧。

ChinaDaily邱林：不在乎学什么。你把生活中的ABC搞明白了，再有点新闻激情，就OK了。

慎独100年：嗯，素养、媒体思维很重要，感觉自己还差得很远，特别在遇到大题材的时候、不知道怎么把握，怎么操作，遇到了一个坎。

晓素孙：没进以前，觉得什么素质都要备着。等进了才发现，养活自己的也就那么一两门绝招。所以学新闻的，不用无限夸大，也不用妄自菲薄。

当年沉默：柴静以前也是学会计的，她是我的榜样。我也是

学会计，一直想“叛变”，觉得新闻才是自己的梦想。范老师，您觉得本科非科班出身有必要考新闻的研究生吗?

范以锦：回复@当年沉默：跨专业读研究生更好!

费里西亚：现在传媒似乎更喜欢招有专业背景的，如法律、经济、外语。新闻科班出身反而更没有竞争力，是吗?

淡然安好：范老师，那我们新闻专业的科班出身是不是跟他们比起来反而没有优势啦?

范以锦：回复@淡然安好：某些专业在某些方面做传媒有一定优势，但这种优势如果不与媒介素养黏合在一块依然难以适应传媒工作；反过来，学传媒所具有的新闻理念、专业精神也是一种优势，但如果不拓展其他领域的知识，肯定后劲不足。

石河子大学熊建军：现在社会需求从实用出发，学生受到影响也变得越来越实用，技术主义成为很多本科学生追求的方向，让他们涉猎文史哲的知识，但因为显性效益不明显，很难打动学生，面对这种状况该如何?

家务男人：记者应该是杂家，十年前我就听到这个教诲了。

世笑瑾：传媒的发展会使职业细分越来越明显。例如会有国际新闻、财经类新闻、政法类新闻、文娱类新闻等。常言道“术业有专攻”，在从事新闻工作过程中，如果有专业背景知识，会比别人有更多的优势，不过，任何人都需要具备基本的媒介素养。

吕品清泉：做新闻要有理想和苦行僧一样的忍耐力。

刘屹：老社长说得对，报业好多人都并非新闻专业的。

云中燕：要做新闻，必须让人对你的媒介素养认可。

于小晏：这里的媒介素养我理解的就是媒体人的核心竞争力。

弦言碎语_pf6：每天复习累了，看看老师的茶座，既放松了又长了知识，这个公共领域应用得太有价值了。

20. 竞争造就实力

微博

范以锦V：非新闻专业学生进入传媒岂不抢了传媒学生饭碗？不奇怪！当今本是抢饭碗的时代，传媒人也在抢别人的饭碗。竞争造就实力。其实只要不全盯住传统媒体，传媒饭碗还真不少。有材料介绍，未来三至五年内，新媒体和融媒人才缺口大。环顾四周，多少机构介入网站等新媒体。

互动

小熊皮：对头，文化大发展是中国最后一个暴富的机会了。我们是遇上文化发展好时代了，所以必须提升自己的综合实力。传媒竞争大，但收获也多，必须努力！努力！

昆queen：新媒体、全媒体，是必然中的必然。

天空的竹蜻蜓：机会，等待有准备的人！

资深花痴：“当今本是抢饭碗的时代，传媒人也在抢别人的饭碗。”范院长高见，精辟！

小白1001：其实新闻传媒应该作为公共课来上，在现代社会混口饭吃，必须具有一些新闻传播的基本素养。

何高峰blog：适者生存，不存在抢不抢饭碗。新闻专业学生未必就一定能做好新闻，非新闻专业也未必就做不好新闻。专业型记者，更需要在新闻之外的地方下工夫。

长风W：抢饭碗都抢不过，那这些传媒专业的学生到底学了什么？还是那句话，今后的编辑记者如果没有传媒以外，或国际贸易或工民建或法律这样的一个专业领域知识，单纯的新闻专业毕业是缺乏竞争力的。大趋势是需要学者型的记者或者编辑型的学者。

哈-嘍MiSs：回复@长风W：路漫漫其修远兮，学无止境啊！

特李独行：开抢！不光要有抢的冲动，还要攒抢的本事。

哈-嘍MiSs：传统媒体夕阳晚景，新兴媒体在未来十年肯定排山倒海来势凶猛，逼着大佬们转型啊。不过做内容制造的肯定不会失业，每个人都会做饭，可还是需要厨师嘛！

世笑瑾：自从远离“计划经济”的统分统配以来，自由竞争对人们来说也习以为常了，找工作也不能幸免。对新闻专业的毕业生来说，要摒弃“前怕虎后怕狼”的心态，既担心知名传媒集团纳新有限，又怕抢饭碗的层出不穷；务必打开眼界，欢迎各路神仙加入媒体行业充分竞争，各显身手。

董宝青：谁也不会抢了谁的饭碗，谁也不会没有饭吃！

满儿：不要对想学和在学新闻学的孩子们说就业缺口有多大，这样会美化严峻的就业形势。其实真正的状况是，好单位好待遇的岗位，永远是僧多粥少。老师应该多多提醒那些准备或正在求学路上的孩子，新闻有风险，求学须谨慎。只有具备足够实力的人才能捧起这个饭碗。

张文齐：谁有本事谁吃饭。

杨勇权：但我们都能在新媒体和媒介融合时代一展拳脚！

21. 你的偏好是什么？

微博

范以锦V：“别去了，师姐刚跳槽。”某媒体招人，犹豫中的一位毕业生听罢放弃应试。我曾听这位“师姐”说，写稿少，没劲！有人偏好多写速成，有人喜欢深挖慢磨。后者，别受“师姐”左右。某杂志记者写一篇较好的稿7000元，日报得写十来篇。想去的去了，不想走的怎么也挖不动。

互动

龙道陵：范院长，建议你的学生考虑做内容营销，这恐怕是唯一重视文字价值的职业了，请研究，这行业缺才。

范以锦：回复@龙道陵：好建议！

龙道陵：谢谢认同，当前品牌把其传统的市场部划分为brand marketing 和content marketing。这迎合了市场需求，当前国内城市市场已属于完全竞争市场，消费者越来越挑剔，传统的硬的宣传方式效率越来越低，要打动客户还得靠内容，以情感诉求达到推广目的。

韩馥檀越来越中庸：做每一件事情都要认真，不用心什么东西都学不到，何苦这样蹉跎年华呢？且待遇与能力水平一般也有这样一个正比关系，考虑薪水的同时更要先考虑自己有没有这么多的价值。

世笑瑾：“你有你的千条计，我有我的老主意。”别人的成功或失败的经验是不可能复制的，每个人自身素质不同、工作意愿等各不相同，对于同一个单位的评价甚至会大相径庭，但还是那句话：无所谓好坏，只有适合与否。

22. 没有最好的，只有最适合的

微博

范以锦V：媒体情感我从一而终，计划分配年代不由得你选择，还好，我爱上了。过去常听到干一行爱一行的誓言，当年的特定社会生态下无疑正确。现代观念，别强迫自己干不想干的事。喜欢媒体，一辈子不离不弃的大有人在，不爱的别勉强。什么职业最好？没有最好的，只有最适合的。

互动

云南黄涛：是啊，喜欢媒体。可惜找到适合的并不容易。

亲亲琴：院长，想问问您，您为什么没有从政呢？

范以锦：回复@亲亲琴：爱上了媒体！

芒果破P：做自己所喜爱的事，哪怕以后不爱了也不会后悔。

红冠王：正确择业观：没有最好的，只有最合适的。

---

arctic徐cat：教授，我觉得现在很多同辈的问题不在于会不会勉强自己，而在于根本不知道自己想要什么，浑浑噩噩读书，忙忙碌碌工作，没有目标，失去自我，对未来没有计划，您觉得呢？

范以锦：回复@arctic徐cat：我觉得大多数不至于这样。

笑寒110：钱不多，路不宽，但魅力不减。

孙荣凯_Sam：如果有心去媒体发展的话，可能不在乎是否能马上进入吧。

麦三同学：我爱上媒体，很多同学、老师也说我适合，但是，现在能进媒体，是多么难啊！现在正是找工作的时候，某日，我对同学说：如果不能签一个报社，我一定要把毕业前剩下的时间全部用来去报社实习。有了好的态度，还要有好的机遇。

阮凤娟-Jane：没有最好的，只有最合适的。寻觅中……

心婧如水：对于新闻专业的同学来说，不管以后从事的是什么工作，首先在媒体摸爬滚打几年，对于以后的职业生涯都是大有裨益的。

微波小咖：范老师，就记者这一职业而言，在国内是不可能做一辈子的，您主张改变现状，把记者这一职业当成终身事业吗？

范以锦：不必着意改变，顺其自然。很多人做了一辈子，即便当今有太多选择的背景下，也不乏执著的新闻人。

曹海峰：“喜欢媒体，一辈子不离不弃的大有人在，不爱的也别勉强。”这句不错。

北雁南飞：可什么是最合适的呢？没有尝试过，谁也不知道什么是真正适合自己的，不管是职业、感情还是生活。就像当初，我是怀着满腔热忱报考新闻专业的，可是如今正在大学就读新闻专业的我却时不时会对以后的就业产生恐慌。有些坚定可能带来成功，可是也有些坚定在没有和现实碰撞之前都是经不起考验的。

世笑瑾：一见钟情固然让人生羡，日久生情却也会给人一种踏实感。感情的慢慢培养同样可以用在工作上，对职业的热爱同样也需要日久生情。很少人会有机会刚开始就如愿以偿，选到中意的工作。如果能在从事的工作中收获成就感，寄托一份职业情感，那么这个工作回馈给你的必将是丰厚的。

梁姗姗：找工作就像找老公，合适的才是最好的。

23. 在尝试中调整心态

微博

范以锦V：面对就业，有人淡定，有人慌不择路。不同的人在不同环境下会有不同感受，心态、经验、机遇都有可能对就业带来影响。有些人不是没有机会，只是拿不定主意。不符合自己心意的岗位也许真的不喜欢，也有可能是错觉，不妨先试一试。岗位的选择和调整，也会改变一个人的心态。

互动

长今之宫廷训练生：面对就业或实习，老师支持我们去“试错”吗?

锻说八道：骑驴找马！就四个字，没有什么能完全如意。人生如台阶，每个阶段都在不同的台阶，每个人都在不断地努力才会更上一台阶。刚踏入社会，且先不要眼光太高，每个小公司都有值得你学习的地方。你需要不断地“杀怪”赚取经验。有了经

验才有机会进大公司。学会利用跳板。

范以锦： 回复@鍛说八道："学会利用跳板"，好主意！

东方之子0310： 是啊，好多人找工作都是拿不定主意，还有人对招聘单位不了解，对前景不确定，还有对就业地点也有要求。所以，还是先试一试，或许一些就业困惑就会自动消失。

世笑瑾： "没关系，我'hold'住"，这句话能蹿红也代表一种心态。面临选择工作，以前我们会说"我是革命的一块砖，哪里需要哪里搬"，而现在我们更要有"我完全可以胜任，'hold'得住场"这种心态。排除合心意的岗位不说，如果提供给自己的是一份不合心意的工作，也要有我"hold"住的心态，试着给岗位添光增彩。

葡萄柚： 是啊，不试试怎么知道是什么样的。

24. 困惑，源自信息不对称或缺乏自信

微博

范以锦V：外地媒体记者站一位记者诉说困惑：既要写稿又要完成经营指标，违反国家管理规定，新闻理想也日渐消磨。想跳槽能跳到哪？翻了翻其作品，我对她说，凭功底进入较好媒体没问题，要关注招聘信息。两个月后，她进入广东一家强势媒体。困惑，或许是因为信息不对称，或许是因为缺乏自信。

互动

陈丽华naivy：的确是这样的！机会其实并不少。

孙荣凯_Sam：实习不仅是看专业能力，还要看实习同学的整个形象。想去找，敢去找，不怕拒绝，敢于表现，可能找实习的同学更需要的是这些吧。

Taujou：回复@孙荣凯_Sam：要豁得出去！

世笑瑾：一师兄毕业后在内地一家地方纸媒工作一年，成绩突出，再待下去感觉提高有限，于是南下，经过层层选拔进入南方都市报工作。他认为，他已到一个瓶颈期——以前待的单位束缚了自己进一步的发展，凭借自己的实力他跳到了一家更好的。在职场中会出现瓶颈，需要寻找条件，适时地打破这种瓶颈。

Free浩子：新闻理想和现实脱节是正常的，就看如何找着平衡点。

燕山大讲堂：信息对称就是去年诺贝尔经济学奖的命题呀！

道德经研究会：信息不对称是主因。

北雁南飞：当你无法把握信息的时候，就好好锻造你自己吧，至少自信是可以把握的。

25. 最佳境界：工作找你

微博

范以锦V：一位业界的同事对我说，不断有人许高薪挖他，很诱人。不奇怪，刚毕业找工作，未来也许工作找你。就业的最佳境界——工作找你。当你成为“熟练工”，尤其是某些能力惹人注目时，机构和猎头公司就上门来了，谈判的筹码完全掌握在你手中。路就在你脚下，祝你好运。

互动

法观天下朱文丰：范院长，请帮忙推荐几个学生。谢谢！

范以锦：回复@法观天下朱文丰：好啊，我们的学生还真不错。

法观天下朱文丰：上届两个毕业生表现优秀。

GDTV吕晴春：范院长，同求，我这里也需要！

深圳喻树立：范院长愿意推荐的都是真诚的人，你们那里用不着，别糟蹋人家孩子。

GDTV吕晴春：哈哈，我们的原则是，不坑师弟师妹！

法观天下朱文丰：我们的原则是提供平台，负责任，让其茁壮成长。

范以锦：同学们，可以去试一试啊！

想像妖精一样生活：谈判也需要技巧，弄不好吃大亏。

冯观：范老师说得对，当时从暨大毕业的时候都着急，现在哪里会怕。

何三畏：范院长对学生真是一片爱护之心，金玉良言啊！

行色烟斗：事实上好酒还要勤吆喝。

草根老丁：嗯，早过了酒香不怕巷子深的时候了，不过是不是好酒，谁喝谁知道……

黄保才：新闻媒体从业者，工作业绩、才干是显性的，容易引人注目，如果做得好，有积累，在人才市场上就游刃有余、如鱼得水。所以“为自己工作”这句话是对的。

偏安一隅也安然：这点我还真持谨慎认同的态度，如今的新闻圈，业务太好未必混得开，顺从并奴化，认同领导的观点可能更好混一点，领导第一，读者第二。

范以锦：回复@偏安一隅也安然：为生存，求发展，在力所能及范围内拓展空间的媒体和媒体人也不少。

大眼哥--陈杰：路就在脚下，踏踏实实一步一步……

罗青青：抓住机会了就好好锻炼自己的功力。

谢雨佳：想要让工作来找你，那么就要做到有一定的实力才行。

海捻：工作到这样的境界就足够了。

慕蕊下发限愚令：在一进学校的时候就应该这样告诉孩子们。

何晴：从一进校门就该有找工作的想法！

世笑瑾：在求学的路上有王国维的三种境界，同样在就业的途中也有不同境界之差异。经由初始的“独上高楼，望尽天涯路”，理想中的工作依旧概莫能求，通过“衣带渐宽终不悔，为伊消得人憔悴”的历练，打磨基本功，修炼真本事，“蓦然回首，那人却在灯火阑珊处”，当初梦寐以求的工作都在向你频频招手。

第二系列　见习篇

1. 见习，从学界走向业界的桥梁

微博

范以锦V：传媒是实操性很强的行业，而且传播技术日新月异，媒体形态推陈出新，新闻理念不停更新，见习是不可或缺的功课。常有学生问，读啥书好啊？困惑，不着边际。说到底，对现实太陌生。见习，是明确学习方向的助推器。不见习对未来找工作也不利。见习，是从学界走向业界的桥梁。

互动

快乐江湖-杨清波：值得同学们理解、践行。

菊子呀：同感！大四的三次实习，三种不同的媒介历练，让我觉得自己在学校学的还远远不够，只有走出去才会有新收获！

李锡GG：范老师所言极是，由理论到实践是说简单也简单，说复杂也复杂的道路，理论基础好但没有在正规高端的见习机构接受点拨，用人单位是很难用的。你们做得太好了。

吉吉Candy： 范老师，您认为新闻专业的大专生毕业以后的方向在哪儿？我高考以后填志愿，一念之差竟然填了一个大专，现在肠子都悔青了，可是没有办法，要面对。我现在读大二，很喜欢新闻，大一的暑假已经去媒体实习了一段时间。挺自卑的，总觉得比同专业的同龄人低一等似的。

Taujou： 回复@吉吉Candy：新闻实践性很强，如果觉得有差距，从现在开始努力不晚。

玉冰狐： 厚积薄发，希望如此吧。

---

crab环环： 见习，是把新闻理论与实践相结合的最好途径，是将书本知识转化为实际业务能力的重要手段。通过媒体见习，准新闻人不仅可以锻炼自己的新闻采写能力，还可以掌握新闻采编流程以及媒体的运营方式和经营理念，更可以在见习的过程中了解自己是否具备成为一名记者的职业素养，从而明确自己的职业目标和方向。

江月要做一棵树： 如果是您的本科学生，您会更鼓励他们就业还是考研？

范以锦： 回复@江月要做一棵树：我要先听听他们的想法，然后表达我的看法。有一名本科生已推免读硕，同时又被一家知名电视台录用，他舍不得这份职业，又很想读我的研究生。正好

我们今年招专业硕士，允许在职人员读，但比全日制的要多读一年。在我的建议下，他读了专硕。

江月要做一棵树：回复@范以锦：哇，这样好幸福哦。有一位慈爱的导师，有一份喜欢的职业。在各种评价上我看到专硕的社会认可度没有学硕高，所以一般人都会去选择填报学硕，挤独木桥，我就是这样。我是不是陷入了一个误区？

范以锦：回复@江月要做一棵树：暨大新闻与传播学院的专硕录取分并不低，又实行学界业界双导师制，每星期还有半天由业界老师授课。我们相信，就业单位会认可的。

木木的角落：老师，我刚上研一，当初也是糊里糊涂就被调剂到了专硕，但是课程安排也和学硕差不多。既来之则安之，我也逐渐开始去了解专硕，但是还是不太清楚我应该怎样规划才能在将来的就业中显示出与学硕相比的优势，想听听老师的建议。

范以锦：回复@木木的角落：专硕应比学硕多些实务的课程或活动。

木木的角落：回复@范以锦：谢谢老师，我以后会在这方面多下力气。

2. 费点心机，见习门能撞开

微博

范以锦V：十多年前，中山大学一学生想进入广东某大报见习，苦于无关系。他混进上班人流，径直找到办公室主任，抒发新闻理想，表达对这家报纸的敬仰。主任感动了，帮忙安排见习。表现好留了下来，成为经营部门的骨干。此法难复制，但能给人启迪：费点心机，见习之门能撞开。

互动

和尚_001：您这一说，恐怕以后无数学子要效仿。

范以锦：回复@和尚_001：说实话，此法不是都行得通，这里只是告诉同学们办法是有的，要去争取。

和尚_001：回复@范以锦：您讲的办法，同学们都会当至尊宝典来试一试的，呵呵。

宏花2010：有启迪!!!

安然雅蓉：天哪！感动也可以！

杨小玺：范老师，我认为啊，还是教新闻的老师和新闻圈的联系太少，甚至就不是新闻实务圈的人。新闻系老师，本来就应该是沟通和解决学生见习机会的桥梁啊。

范以锦：回复@杨小玺：你的意见是对的，学生要有勇气敲开见习之门，老师有责任在业界建立通道。两个积极性都要调动起来。

守寂沉空：这个学生有勇气又机智地找到主任，不卑不亢地与之对谈，从这两点来看，他做记者的基本素质超越了很多学生。机会总是为他而准备的。

江月要做一棵树：以前听说新东方的很多老师就是这样的。看来有能力的人总是很有个性的。

斤_斤：想起一年前的自己也差不多是这个状况，无尽感慨啊。好不容易获得工作了，又发现有更大的困难在后头。眼看2008届的学生又涌进这个行业，而2007届依然有不少人在外面徘徊。

袁建彰：开初抒发新闻理想，最终成为经营骨干。

刘立平：老实讲，在微博上一抓一大把记者编辑甚至主编的情况下，敲开见习之门已不是什么难事。

冀豫之间：我就是在网上接触到现任报纸的主编，才有幸通过考试，进入目前这家报纸的。

新闻理想：就怕主编没有时间看职场新人的微博。

孙荣凯_Sam：我大一大二（甚至是大三）的实习都是这么找到的，傻愣傻愣……

咖啡朵儿：确实，一定要有心，我当时去实习都是直接找社长，呵呵。

雪沐飘零：好多这种故事都发生在十多年前。

新闻平天下：时代在变，但精神永恒。

---

crab环环：许多新闻学生习惯性地依赖学校、老师为自己安排见习，似乎没有考虑过机会是可以自己找的。尽管媒体更易于接受熟悉、知名的院校或老师推荐的学生，但也并不排斥毛遂自荐的学生。打电话给报社记者、带简历到主编室自荐，这些方法都是十分有效的。要知道，自己争来的馍馍永远比别人给你的香。

3. 以行动证明自己的存在

微博

范以锦V：见习环境，是学生茶余饭后的话题。不同媒体有不同的态度，有的将见习生搁在一边，有的当作自己人悉心指导。学生面对的指导老师可能慈眉善目，也可能冷若冰霜。指导老师太忙无暇顾及的情况常有，切忌眼高手低，要从小事做起，在为老师分忧中沟通。以行动证明自己的存在。

互动

风不萧：范院长这条微博很有借鉴价值。

李松林-哈工大：学生对实习要有准备，指导老师也要认真对待学生，这样才能双赢。

平行线du：范老师，可是对于一些像我们这样的既不是名校出身，又没有背景关系的学生来说，连这种见习的机会都没有，何来从小事做起，眼高手低更是不敢了……

范以锦：许多网站需要见习生，不难进入。当然最好能先到传统媒体见习。

TO南极北极：以行动证明自己的存在。即使遇到很忙或者“冷若冰霜”的老师，也要尽量多去主动沟通。人与人真的需要多接触多了解后，才会增加信任。

孙荣凯_Sam：有同感，当时是一个80后带我一个90后，可有得聊了。

Apiko：范老师热心啊。现在越来越多同学喜欢各类媒体都去一趟，攒到看似高大全实际成果寥寥的实习履历。说真的，媒体内的细分部门还是有差别的。

ZeratelYY：现在我们办公室的实习生就有一天坐在那动都不动的，不注意还真没发现有人在那坐着……

范以锦：回复@ZeratelYY：主动性是双方的，见习生要主动与业界老师交流。

结构的鱼：范老师，说实话我非常喜欢“南方”的风格和氛围，我现在还在读研，才发现自己非常喜欢文字，不知道会不会有点儿晚。我现在有个去新闻网站的机会，但是在纠结，我其实想做纸媒体，不知道应不应该去？去南都要求高么？

范以锦：回复@结构的鱼：你在湖北上学？湖北也有办得好的纸媒啊，争取进去见习。

结构的鱼：回复@范以锦：范老师，我本科在湖北上的，现在在湖南读研。嗯……我再想想吧，网站原创力不大，总感觉没立身的东西。

范以锦：回复@结构的鱼：湖南也有《潇湘晨报》等市场化程度较高的报纸。

金浩琦的微博：多说“老师，让我来”，总不会错。

oh-哈莉路友：很多时候这似乎是个悖论。任何一个记者都是从实习生过来的，应该知道作为一个实习生的胆怯、紧张和惧于施展的困惑，在面对他们的时候应该看到的是昨天的自己。从个人感情上讲，记者应该像浇灌一棵幼苗般去呵护和指导（虽然这并非义务），而非冷落、忽视，甚至打击。

kitty郭猫猫：见习是一个增加知识技能的过程，不太赞同有些职场人士将见习生当跑腿使唤，每个人都需要成长的过程。今天你给他人机会，可能明天就轮到你自己需要机会。我甚至常常避免介绍：这是实习生，而以“这位是在我们这儿实习的同学xxx”替代之。

sagemin：在电视台实习近一年，从老师的冷若冰霜到现在的慈眉善目，我觉得最大的财富来自这之间的转变。如果一开始就遇见一个慈眉善目的老师，反而会忽略很多，也会失去很多。我总相信，施舍来的善意只会让人安逸，不会让人成长。尊重，是要靠自己去争取的。

顺德城市网主编：见习生遭冷遇无外两种情形：一是遇思想狭隘功利的媒体，尽心尽力带的人未必是为这家媒体所用，故放任之；二是所遇无责任意识之“老师”，视见习生为“额外负担”，故轻视之。劝实习及见习生凡遇此，皆可弃之。这样的媒体和这样的媒体人显然是不值得追随的。

lucas定国：实习生一直实习下去，没机会签工作，是不是就该退了？

范以锦：回复@lucas定国：有的单位把见习与招聘结合起来考虑，但大多数单位不是这样。见习提升了能力，找工作有了更多的机会。

oh-哈莉路友：范老师好！我在过去的两年里，一直都是实习生。我遇到的老师大都比较好。之所以有这样的感慨，则来源于曾经有过的经历与同学的感叹。我深深知道，实际的困难远大于我们的想象，所以一方面我们需学会抗压，另一方面要学会一笑而过。

yan綵肖：我们现在也在实习，实习指导老师难见，他们忙得早出晚归，不过他们还是要求我们从基础做起，至于实习内容自己去掌握。

许默默881：我也一直在我们这里的媒体实习，因为是事业单位，我就很犹豫是否要坚持，怕没考上又会耽误工作。其实，实习老师挺好的，他因公出差给了我一次单独采访的机会，我特别激动，但又一直犹豫。我也在考研，觉得自己想法太多。我老师特别好，亦师亦友，实习其实挺能学到东西。

---

crab环环：几乎大部分的见习生都遇到过一个相似的状况：见习时坐冷板凳（不被重视，无人可访、无稿可发、无事可做）。有的人只在见习初期遇到这种情况，而有的人整个见习期都是如此。究其原因，与见习生的主动性有关。主动发掘新闻线索、主动跟访，多写、多问、多记、多听，勤劳热情总会敲开冷漠的心门。

乖米娜：我觉得虽然实习生是一个很尴尬的身份，但要想成为一个合格的实习生也很难。只有实习过，才会知道自己有哪方面的不足，在今后的学习中，才能够有针对性地弥补。回忆我在“南方”实习的日子，很感谢每一位老师善意的指导和严厉的批评，可爱的老师们带我走入了新闻的圣地。怀念。

4. 多往积极方面看

微博

范以锦V：见习生碰在一起常议论消极面。没错，媒体本该是不受亵渎的圣洁殿堂，但媒体是社会的缩影，别把它想象得那么完美无缺，也别把支流当主流，多往积极方面看。碰到问题较多的媒体，把握好自己，近“墨”不“黑”。记住见习的初衷：内练媒体人良好道德风范，外练采编基本功力。

互动

尛小柒-糊圖圖：近“墨”不“黑”，难啊！其实见习的环境，还是很重要的，但关键还是把握好自己。

石河子大学熊建军：很多学生说老师教的实习用不上，因为新闻不是采访来的，是安排好的，打个电话，吃顿饭，喝喝酒，新闻出来了，都是表扬稿。

范以锦： 回复@石河子大学熊建军：有这种情况，但大多数记者还是很敬业的，尤其是市场化程度较高的媒体，新闻现场可看到他们活跃的身影。

仲举mark： 这就是媒体人应修炼的独立性，包括能够独立于所供职媒体的立场思考。

云南信息报陈桦CH： 用政治家的眼光办报。

红花博士： 虽然范教授是针对新闻学生而谈，但于所有见习大学生都适用。

一弓人： 还没去实习，估计我的困难很大啊！但是我不会动摇我的梦想，我要成为一名优秀的记者，趁我年轻。

---

crab环环： 大到媒体机构，小到记者个人，都有优劣之分，积极、光明的背后也会有消极、阴暗的一面。在市场竞争的利益驱使下，很难做到所有媒体和记者都能清楚明白自己的职责和使命并坚守新闻理想与道德。消极面的出现对于准新闻人来说也是一种考验，懂得“有所为，有所不为”，也是一门重要功课。

5. 放松点，别老想着困难

微博

范以锦V：我当记者时也带过见习生，会带他们一起采访和共同完成写作。我忙别的事情时，有的见习生会主动去寻找线索，提出报道建议，我也会让他们去独立采写。很多指导老师都会这样做。从校门跨入报门，有胆子大得很的，也有拘谨的。还是放松点好，别老想着困难，机会是可争取的。

互动

麦然SS：畏手畏脚成不了大器。

Stephenmy：范老师，跟指导老师表达自己的意见会不会让指导老师觉得自己太自大，急于求成?

范以锦：回复@Stephenmy：业界的指导老师绝大多数是喜欢与见习生交谈的。正常交流与自以为是，无论学生还是老师都是分辨得清的。

立青山风小妹：我作为大学生记者，就是注定把憧憬和绝望杂糅在一起。

范以锦：回复@立青山风小妹：从某种角度来看，就是这样的。太理想化，不现实。

能能尚：机会是可争取可创造的……

野蛮飞猫：范老师：别人是穿越新世纪，我们是穿越到古代。到现在，部门负责人还在每版必审，没有我们发挥的余地，更别说实习生了。弄得好被动，怎么办呀?

范以锦：回复@野蛮飞猫：部门负责人肯定要审版，这个环节少不了。审版的尺度如何把握，反映了审版人的智慧和水平。

边疆地雷：从依葫芦画瓢，到千篇一律，再到拘于一格，再到不拘一格，最后形成自我风格。这就是新闻写作之路。

---

oh–哈莉路友：回复@边疆地雷：哈哈，有理。大部分的人都是在踩着前人的脚印在走，再走出自己的路来。

西北楼主：不完全认同范老的看法。实习的主要目的，我认为技能的锤炼并不是第一位的，如何在实习中养成做事的良好态度与习惯更为重要。当他们真正走向岗位后，这点更让他们受益。

范以锦：回复@西北楼主：在掌握技能的过程中培育良好的态度和作风。

新闻理想：不过我更习惯带一两次之后，再放单飞，否则感觉很欠他们的。对于新来的记者，我们对他们的成长负有责任。

范以锦：回复@新闻理想：开头带带，后面得单飞。

陈钾肥日报：每次单独放实习生出去采访我都有罪恶感，反复交代……看了范前辈这微博，我就放心了……

西北楼主：范老说得还是比较务实的。带过几个实习生。告诉你们实习生最让我们头痛的问题：不懂，就是不问；不会，就是不学；错了，就是不承认。特别是勇于承认错误，不犯二次过错非常重要，这样的实习生是很厉害的。

范长敏：这种“三不者”（不懂，就是不问；不会，就是不学；错了，就是不承认），基本上不具备从事这个行当的基本素养。当记者，对新奇之事应有浓厚兴趣。如果他对什么事情都是一副无所谓或者反应很迟钝的状态，那恐怕就没戏了。

范长敏：回复@西北楼主：我所针对的是特定的“三不者”，不是指所有“涉世未深的大学生”（这两者之间应该是有质的区别的），更不是针对可谓未开琢的“玉”。如果是上了大学之人，理解此话似乎不难。

范以锦：回复@范长敏：如此“三不”，肯定当不了记者。要当名副其实的记者，下决心去掉“三不”。

crab**环环：**曾听人说记者需要具备“三皮”——脸皮厚、头皮硬、嘴皮薄，换句话说，胆子大、能吃苦、能言善道的人是比较适合做记者的。在媒体见习时，开朗、善谈的人也比较容易快速打开局面。如果你天性腼腆、不善言辞，那就在见习中好好培养和锻炼自己，学会主动与老师沟通，老师亦会喜欢能主动争取机会的人。

6. 一次见习带出连串机会

微博

范以锦V：在报社大楼碰到一位学生，我问她：“实习不是早结束了吗？”她说：“是呀，但指导老师常找我回来帮忙。”二年级寒假时通过熟人进入见习，凭沟通能力和勤奋得到指导老师认可，正式的见习虽结束，但见习的机会依然多多。一次见习，带出一连串的见习机会，这种现象并非个别。

互动

HR教你找工作：机会是给有心人准备的。

panda小帆：的确，就算见习期完了，真的还会经常找回来帮忙。

二刷爱臭静：我老师也让我有空再回去，虽然是个小报社，还是很受用。

叶家湾小流氓：所以说，出去见习还是很好的，不但可以积累经验，还能积累人脉。

许默默881：我和我老师就是，一直实习，可范老我困惑了，该考虑转正和工作的事么?

范以锦：回复@许默默881：长期实习，留下的希望有多大，要开诚布公与业界指导老师沟通、探讨。无法进入就得退出，另寻工作。

许默默881：回复@范以锦：嗯，谢谢范老，我一直告诉自己，即便最后无法留下，我也不要忘记自己当初选择新闻媒体从业的原因。好歹我已经在前进的路上。

---

crab环环：有的人把见习当作一次性塑料袋，不管里面装的是什么，用一次就扔；有的人却把见习视为可循环利用的环保袋，不但可以反复使用，而且装的东西也越来越贵重。见习的成果如何，取决于每个人对待它的态度。一次见习带出一连串见习机会的大有人在，同样地，一次见习带来一份工作机会的情况亦大有可能。

7. 赢得信任从细节做起

微博

范以锦V：参加重大采访活动，是实习生梦寐以求的。我的一位学生在一家大报见习时，适逢世博盛会，成为该报世博采访组唯一的实习生。她没有被当作外人看待，靠的是平时见习时的勤快、自信和负责给人留下的深刻印象。信任源自放心，要获取高难采访的机会，从日常的细节做起。

互动

crab环环：一分耕耘，一分收获。在媒体机构见习，能力强的人不一定就能获得更多的采访机会，往往是那些埋首工作、勤勉踏实的人可以获得指导老师的青睐。作为见习生，要有“老黄牛意识”，不怕苦，不怕累，不抱怨，不推诿，做个有韧性、有潜力的准新闻人。

赵紫东2010：记得第一次单飞采访，记得第一次单独出差，记得第一次跟领导出差，这都是源于信任。

许默默881：和老师一起熬夜加班，也建立了信任，才会把采访给我去做，辛苦值得了……

新闻平天下：勤奋，努力，这是记者的基本要求。新闻学生，得从实习做起。

8. 真情实感表达来自脚下

微博

范以锦V：《中国记者》杂志开辟“优秀实习记者征文”栏目，肖同学的《“小”记者跑“大”世博》的文章，用事实说话，注意细节描写，文笔生动，充满激情。与其说是写出来的，倒不如说是干出来的。在采写的路上，她紧盯各种可能产生价值的人和事，一有机会就出手。真情实感的表达，来自脚下。

互动

岸蓝：记者的好新闻，与其说是用手写出来的，不如说是用脚跑出来的。

郭永毅：脚下。路上……

小白1001：想起当年带过的实习生，除了几个还有事实、细

节和观察外，如今都变成了“客里空”。

---

crab环环：见习总结或见习笔记可以反映出一个实习生的见习质量，有真情实感的文章必然是伴随着切身的体验、收获、顿悟等因素而来的。有的人的见习总结措辞死板、内容大而空，这一看便是没有认真实干的结果，自然无法有生动、发自肺腑的激情表达。见习的目的是为了提升自己，敷衍了事难有收获。

9. 见习生，也要果敢

微博

范以锦V：肖同学世博“堵截”国际展览局局长蓝峰采访，说声“Mr. Lafon，I heard...”，立马就被工作人员拦下。第二次微笑迎上去提问又被挡，但刹那间蓝峰朝工作人员摇摇头，并示意肖同学继续提问。正是因为之前给蓝峰留下了印象，所以他才那么友善地接受采访。见习生，也要果敢。

互动

立青山风小妹：也要宽容。

Raincatcher：还要英语好。

朱静judy：是的，要抓住机会表达自己的观点。

crab环环：实习生要培养自己的“主人翁意识”，即把自己当作真正的记者，用“主人”的眼光来思考和看待问题，在没有任务时主动寻找新闻线索，在采访过程中善于观察采访对象主动提问题，在写作过程中准确把握新闻点，有主场感和存在感，不做默默无闻的小跟班。

10. “专长”优势要利用好

微博

范以锦V：每位见习生可能都有某方面优势，可成为拿手好戏。参加世博采写的肖同学曾跟着记者老师采访过时任马尔代夫总统和德国馆总代表。记者老师事先知道肖同学的翻译能力，于是请她当翻译。肖同学充分做好准备，采写与翻译相结合，针对性强，记者老师很满意。专长也是优势，要利用好。

互动

刘宇坚：尤其是体育方面的新闻更加需要英语的辅助，大赛更加如此。

游走8090边缘：唉，我的专长在哪里呢？

东方之子0310：我也要培养特长。

无名豆粒雕刻时光：有同样经历的飘过，当时算是完成翻译任务，现在奋力学英语口语与翻译。嘿嘿!

新闻平天下：机会是给有准备的人的。

---

crab环环：有的人可能会说自己没有专长，怎么办？当然是培养。在新闻领域，那些有着交叉学科背景的人才，例如经济学、管理学、政治学等，更容易在相关领域的报道中取得成绩。新闻学生在校期间，应积极积累各方面知识，做到博中有专、特长突出，力争成为适应媒体发展需要的新型人才。

11. 获认可就是最有价值的表扬

微博

范以锦V：既善于单兵作战又有团队合作精神，见习生要努力掌握这一本领。在新闻中心里，肖同学除了有时自己独立采访外，还经常与特派世博小组成员聚集在一起讨论选题。记者老师说："你这次来真是帮了很大的忙。"肖同学对我说，能让他们感到"带你来值得"——就是最有价值的表扬。

互动

家有双胞胎——俊杰：人生有时是自己觉得自己不重要，但得到别人的认可和尊重就够了！

江上叶俊：初步以为，媒体招的实习和托关系找的实习性质及其随后工作应该是不一样的。不知实情是否如此？

范以锦：回复@江上叶俊：这不是普遍现象。总体来说，没有区别。

西北楼主：范老说得对，没有什么本质区别。不同的擂台，招式却大同小异。

---

crab环环：每一个人在见习中获得满足感的原因不尽相同，有的是因为获得了宝贵的实践经验，有的是因为了解了媒体运作的实现方式，有的是因为掌握了媒体运营的管理理念，有的是因为找到了明确的职业目标和定位……不论是以上的哪一种，只要能够从见习的过程中获得满足感，那么见习就是成功的。

新闻平天下：崇尚团队精神，不仅是媒体需要，在当今社会，普遍都有这样的需求。因此，“让我们团结起来”。

12. 检验成果并非看发了多少文章

微博

范以锦V：见习不能满足于一般的采编技巧，检验成果也不是看发了多少文章。如果进入南方周末新闻部见习，会让你参加选题会，会前要先通过各种渠道去搜集选题。选题有的采纳了，有的否定了；写好的稿有的见了报，有的撤下了。为什么？记者老师会引导想个明白。写稿不多，但新闻理念提升了。

互动

温炜鑫：真正地做新闻，哪怕就一天都值得珍惜。

红色蒲公英--：那搜寻选题有什么渠道，如何挖到有价值的选题?

范以锦：回复@红色蒲公英--：可从社会调查中发现，也可从网络上、微博上去发现线索，然后在选题会上谈选题价值。确定后深入采访，有可能否定原来的想法，也有可能写出有影响力的调查性报道。

一笑江城：做什么都一样，做出思想最重要。打字员型记者可能是这个产业链的最低端吧……所以要多看书多思考啊。

楼市传媒花喜：做新闻最重要的是选题，可是在当下，却恰恰缺少看问题做选题的能力。这是说我自己，愧之……

---

crab环环：又快又好地完成老师交代的任务只是锻炼采编能力的初级阶段，其终极目标应该是学会发现新闻。发现新闻，对很多老记者来说都不是一件易事，它要求记者有独到的眼光、独特的思维和敏锐的新闻嗅觉，来判断一个事件是否具有新闻价值。学会发现新闻，是实习生在见习过程中需要培养的最重要的能力。

13. 见习中纠正自身定位误区

微博

范以锦V：见习还有一层用意，纠正自身定位误区。有位传媒学生一心想当经济记者，到业界见习后才发现并不适合，改变原来的设计，后来成为文化记者。这种情况常有。见习中明确了主攻方向，接下来学习什么、见习什么，目的性会更加明确。多写稿固然是磨炼，但勿忘对自身定位的检测。

互动

能能尚：其实定位固然重要，但是有点模糊、一点傻劲、一点点的不专业还真能弄出点很专业的味道。新闻是敏感的、灵活的、多变的，也是感性的。

立青山风小妹：兴趣决定成效。

能能尚：找准定位，发挥优势，全力出击。

水下阳光1990：请问老师当经济记者应具备什么条件呢?

范以锦：回复@水下阳光1990：记者未必是某领域的专家，但应有能力将专家的观点报道出去。从这个意义上说，无论是经济还是文化记者，在采访视角、报道能力方面都有共通之处。但要成为一名好的经济记者，还得认真钻研这方面的政策和专业知识，如能成为专家型更好，尤其涉及证券市场等专业性较强的编辑记者更应这样。

叶家湾小流氓：那您认为当代大学生在校期间应该多看书，掌握更多的知识，还是写更多的稿子呢?

范以锦：回复@叶家湾小流氓：多读书，适当见习。

陌陌安：范老师指的是在影响力较大的都市报吧？我在一座仅有150万人口的小城做党报记者，转眼间三年过去了，几近相同模式的宣传报道让新闻理想渐失，原先分的跑线单位因为人员流动也不断改变。这里工作的特性，也很难使记者成长为领域专业人才，基本没有上升渠道。很是苦恼，还请范老师解惑，谢谢！

范以锦：回复@陌陌安：你讲的是现实问题，的确存在。可与同事们尝试改变现状，尽力所能及的努力。也许有效，也许见效小，毕竟当地媒体是受当地社会政治生态制约的。

能能尚：老师好！我觉得我是贪婪的实习生，我认为我的优势是采访，与人交流，可我现在做的是排版、校对、助理编辑之类的工作，但是我却发现了不一样的自己，之前认为不擅长的事也可以做得很好，甚至性格和个性上面都因为工作的性质有了很大的改变，那么我该坚持现在的还是拾起所擅长的?

范以锦：回复@能能尚：找到感觉就好，过去的志向可以放弃。听说现在年轻人找对象的顺序是：感觉、适合、家庭环境。感觉是第一位的。

苏笑智：范老师，我想问个很尴尬的问题：为什么别的专业的同学实习都有工资，就传媒专业的人去实习还要给报社交实习费呀?

范以锦：回复@苏笑智：有的要交见习费有的不用，有的不仅不用交还给稿费。不同的地区、不同的媒体有不同的做法。

能能尚：回复@苏笑智：我都已经实习半年了，还没有工资，因为我没有毕业证呢，明年才发毕业证，我够纠结的了。

苏笑智：回复@能能尚：是挺纠结的，很多人都觉得湖南的媒体很有吸引力，其实我听说的都是挺苦逼的事儿……不给工资或者给点稿费，在一个栏目组实习个半年一年的，转正遥遥无期，也不怕实习生走，反正一个走了还会有新人赶着来卖苦力。

能能尚：回复@苏笑智：我想说，其实他们也离不开实习生这个潜力资源，对他们来说不缺人才，缺的是自我发现自我跳出的

人才，所以机会还是自己创造的，个人想法，哈！

范以锦：回复@能能尚：大可不必纠结，还未毕业就想就业拿工资？

能能尚：回复@范以锦：嘿嘿！范老师高见，我也没有计较这么多，偶尔纠结，大多时候还是觉得有些东西的价值不是钱能衡量的，实习最宝贵之处就是自己有颗无私又虔诚的心。

范以锦：回复@能能尚：说得好啊。

程向心Rina：实习完以后的时间，可以让自己沉静下来，慢慢地思考哪里能进步，能采取什么样的方法，能用什么样的思路。再看课本时，感觉又不一样，然后又想继续去尝试了。

不爱吃红萝卜的兔子：范院长，关注您围脖好久了！我是暨大2008届本科新闻专业的学生。如果想进南方报业，应该如何准备，包括笔试和面试，主要考察哪些内容呢？谢谢您！

范以锦：回复@不爱吃红萝卜的兔子：进南方报业有两种途径：一是每年年底至次年年初，从应届毕业生中招聘；二是积累一定采编经验后通过社会招聘进入。身不在其位，具体情况在位的才说得清。

不爱吃红萝卜的兔子：回复@范以锦：那应届生招聘的时间也快到了！作为应届生能提前准备些什么吗？

范以锦：回复@不爱吃红萝卜的兔子：媒体面试不同媒体有不同要求，但也有共同点，比如吃苦耐劳精神、活动能力、新闻敏感、创新能力等。

麦那多多_王露露：范老师，您好！我是一名汉语言文学专业的大四学生，因为对新闻非常热爱并且很想成为一名记者，所以平时会去阅读相关的书籍和报刊并且练习写作，但是至今没有实习经验，不知报社对于这样的学生是否会录用？谢谢解答！

范以锦 ：回复@麦那多多_王露露：在你提供的材料中，能展示出你具有一定的写作或编辑能力的话，比较容易被录用。见习后，也许材料会丰富一些。

猫不信：回复@麦那多多_王露露：赶紧实习吧。我和你一个专业，去年就毕业了，平时也看相关的书啊什么的，还在杂志社工作过几个月，做过一些人物采访，可是应聘好几家媒体还是落空了（我认为最重要还是没相关经验），为此还待业着啊！现在正在实习呢，以一个已毕业的身份。苦逼啊……什么时候有工作啊……经济窘迫啊。

张三胖：这是我当年实习时也遇到的问题，重复写着同样的东西，套框架就好，觉得自己可有可无，实习过程无趣枯燥。好在现在做自己喜欢的工作，欣慰。

红色蒲公英--：可是人大多数时候是不清楚自己到底想要什

么的。那么如何尽快定位自己，找到兴趣及潜力所在?

网泓圣：纠正自身定位误区。

糊涂塌客丫丫：嗯，方向不明是很大的问题，我也学新闻，马上要毕业了，可是还不知道该在哪个方向专攻。

crab环环：见习于个人发展而言，最重要的一点不在于在实践中掌握技能，而在于了解自己的职业素养水平并明确自己的职业定位和发展方向。对于新闻报道而言，有的人适合时政类，有的人适合财经类，有的人喜欢社会热点，有的人爱好娱乐八卦，每个人都有自己更加擅长的方向，在见习中发现它就是最好的收获。

14. 放弃原有选择也是见习成果

微博

范以锦V：“见习了几个岗位，才明白自己不适合媒体工作。”一位见习生对我说了这番话。通过见习进而巩固专业思想，不应成为对每个新闻学生的要求。上大学前由于年龄、经历等原因，对未来的发展可能是模糊的，见习后才发现原来的选择不符合自己的个性。选择放弃，也是见习的成果。

互动

王小小小立er：有时候放弃比坚持更难。

中国少年Sxx：确实，也有通过见习后更坚定做新闻人的决心的，因为他更清楚这份责任。

范以锦：回复@中国少年Sxx：见习后，“坚”者愈坚，“动摇”者抓紧转型。

Vanessa胡蝶：我跨专业读经济新闻硕士，等待见习后自己的答案。

猫不信：实习一个月，要说自己多适合也说不上。问题是也想不出自己想从事其他什么职业。愁！

愚是乎：身边有不少学了四年甚至六年的同学，才走进社会就放弃了新闻从业之路，遗憾还是庆幸？理性还是逃避？最初的梦想和最后的选择契合度在新闻专业看来似乎是最大的反比。

范以锦：回复@愚是乎：不轻言放弃，撑不住时也不硬撑下去！

愚是乎：回复@范以锦：嗯，选择了就不后悔！我相信梦想能照进现实。

能能尚：所以说选择错误不代表没有收获，起码明白什么不适合自己才能找到对的。这让我情不自禁地想起：分手快乐，祝你快乐，告别错的才能和对的相逢。愿所有追梦的人勇敢选择勇敢坚持。

安徽师范大学传媒联盟：坚持是一种智慧，转型亦然。

中国海洋大学傅根清：选择的机会，对国人而言，极为难得！

冯强的世界：因为新闻理想，他们来到了媒体；因为新闻理想，他们离开了媒体。

项楚卿：唉，关键是意识到需要转型已经晚了，无任何经验的我们想转型似只能从媒体行业起步而后积累人脉再伺机活动。

范以锦：因为实现不了，所以选择离开？社会生态是复杂的，在新的岗位也未必顺利。困惑中，依然要想想是否有更好的选择。

星祭_Milan：放弃也是个收获。

范以锦：做新闻是苦差事，要靠理想、激情支撑。

深圳老谢：范老还得告诉小朋友们，除了有风险的采访，还有把瘦子熬成胖子、把胖子熬成瘦子、美女熬成婆的夜班。我一直告诫女实习生，做新闻不是优雅的工作，真的需要点理想。

白波__鸡汁伊面-毅敏：范老，关注你很久了，最近迷茫中……理科生跳到体育新闻工作者，半年时间的实习，全身心地投入……后来才了解到入职的待遇不高。是坚持还是放弃？

田野news：回复@白波__鸡汁伊面-毅敏：虽然我不认识你，但是想跟你说加油，还是坚持走下去。

五月的下午茶：再让我选择，还是做新闻人。

田野news：您好，我知道您不会看到我的评论，但是，我特想把我的话说出来。我是一个学新闻的三本学生，特别喜欢新闻。我是一个女孩子，我知道我以后的路会很难走，不过我会走下去，因为热爱。

---

crab环环：许多人在工作几年后发现从事的职业并不适合自己，可是几年的时间已经耗费了大量的精力和情感，要不要转行便成为他们难以抉择的问题，而且，拖得越久，越难抉择。能够在见习期间发现不适合从事本专业，这无疑是幸运的。只是，不要轻易下决定，想要放弃一件事情，首先要全方位地了解它。

张睿Automan：新闻首先应该去光环化，新闻工作者既不是无冕之王又不是新闻民工，只是记录社会和人的特殊群体，是民主法治的推动者、公平友爱和安定有序的倡导者、人文关怀的传播者。

15. 在比较中完善“理想设计”

微博

范以锦V：诚然，见习之后觉得不适合新闻岗位，可选择放弃。但也并非可以草率决定，也许是一时的困惑，还得多侧面了解和尝试。要分析这些困惑能否突破，心理上能承受到什么程度。重要的是还要进行横向比较，从事任何工作都会碰到困难，别以为别的行业就完全符合自己的理想设计。

互动

能能尚：贪心用到合适的地方叫坚持，用到不当的地方是贬义。一番历练就是为了让自己更清楚什么才应该是自己的目标。全面思考，切忌急躁浮夸，急于求成往往无所适从。

粲汐：做新闻比做其他行业有更多的无奈，刚从象牙塔出来的学生，虽然耳闻目睹了许多，但自己真正从业，还是需要勇气的。

赵绍华律师：职业也是一个围城，很多从业者都羡慕其他职业，岂不知，别人还正在羡慕你呢！

凉飕飕温暖暖：职业换得多了，梦想也会抛弃你……

哎阳光：老师，是不是只要不是211和985院校的毕业生，都不能到广州的传媒界工作？求回答。

范以锦：回复@哎阳光：没有这回事啊！

多来米Dollar：老师，明年我努力做你的学生，拼了……

新闻平天下：这就是社会！某种程度，媒体是社会的一种缩影。只是某种程度！再次表白。

crab环环：一个人选择的职业是否适合自己，会直接影响到个人的生活质量。因此，在选择职业时，尤其需要慎思而后行。不论是选择还是放弃，一定要反复考量各种因素，因为一点挫折而错失一份好的职业是十分可惜的。放弃固然是一种勇气，但如果是在没有考虑清楚的情况下就轻易放弃的话，那就是莽撞了。

16. 别把希望困守在一个见习单位

微博

范以锦V：“把见习与找工作结合起来”，一般来说不现实。除非见习单位已明明白白告知“先见习，后进入”，并已有惯例。我的一名学生在见习单位像正式员工一样履行职责，但最终还是进不去。如觉得再见习下去对未来就业有帮助可继续见习，如果依然觉得迷茫，切勿困守在一个见习单位。

互动

叶家湾小流氓：是不是没有关系，见习生很难留下呢？

范以锦：回复@叶家湾小流氓：多数单位招人会把面放得宽一些，不局限于见习生。一般来说，能否留下，与有没有熟人无关。

菠萝包还是菠萝包：我面试的时候是说直接招人的，结果毕

业去到，才告诉我是要见习，而且一直不给正面答复……每次问到签约问题都闪烁其词。

袁小小艾：就算告知了，最后也可能因为各种理由不要你，只要没签就没地位……

新闻平天下：非常同意！

crab环环：从某种角度上来说，见习生是免费劳动力，特别是主动、积极的见习生能够在最节省人力成本的情况下为媒体带来价值。因此，媒体都乐意给优秀的新闻学生提供见习的平台，学生在收获经验的同时奉献价值也十分公平。然而，如果长时间地奉献价值却没有相应收获的话，见习生应该果断结束见习。

17. 循环往复效果更佳

微博

范以锦V：何时见习？传统做法是即将毕业时安排。这对学生的培养不利。新闻学本科生上学一年半至两年后就要介入见习，研究生更要提早，哪怕利用寒暑假先去体验一下都有好处。见习中发现学习中的问题，更有针对性地学习；学习中感到困惑的问题再到实践中去找答案。循环往复，效果更佳。

互动

王迎波：学以致用，书到用时方恨少。用了才知道哪里更需要学。

冯婉菁：范老师所言极是啊！可惜研究生导师很少赞成学生去见习。

其乐到此一游：如何让学生真的找到问题，发现问题，也是一个问题。

像春天一样的简：我可不这么看，很早就去媒体实习的学生很容易沾上媒体记者的坏毛病。大学四年是多难得的读书时光啊。

范以锦：回复@像春天一样的简：天下无奇不有，拣好的学。忠于职守的敬业记者还是很多的。

范以锦：回复@像春天一样的简：去见习不是长期待在那里，比如利用寒暑假，不影响学习。

白羊范小鱼：请问范老师：作为广电新闻专业的大一学生，寒假想要见习应从哪儿做起呢?

范以锦：回复@白羊范小鱼：广电或报纸都可以进去见习。

白羊范小鱼：那见习有什么步骤吗？要不要学校写推荐信?

范以锦：回复@白羊范小鱼：见习当然要有介绍信。

DrVain：作为播音专业的学生，特别期待学院尝试开展校台合作，国内外很多高校已经与媒体形成了比较成熟的人才培养和输出机制。

Double的异想世界：请问范老师：现在人们常说新闻无学，做新闻的人应该什么知识都懂一些，您怎么看呢？

范以锦：回复@Double的异想世界：什么都懂，做不到，但知识面一定要拓宽，“宽”中有“专”。

杨扬在现场：我现在在工作中觉得做新闻，尤其是电视消息节目，根本用不着大学里的东西，只要学会机器操作，懂得人际交往即可。范老师，学生求教：我们花几年的时间到底学到了什么？

范以锦：回复@杨扬在现场：反过来问，如果你没有上大学，是个高中生，能胜任这项工作吗？已积累的知识的发挥是一个逐步散发的过程，往往不是一下子就体验得出来的。

杨扬在现场：回复@范以锦：嗯，应该在做深度新闻的时候比较有用处吧。所以貌似报纸会对学历要求高一点。

孙荣凯_Sam：范老师，请问给报纸的副刊投稿也算练笔么？因为副刊里的文字大都是一些比较轻松的话题，不像新闻或者时评那样严肃。

范以锦：回复@孙荣凯_Sam：文字表达能力是做新闻的基本功。副刊文章写得好，只要有悟性，磨炼一下，转过来写新闻、写评论也容易上手。现代评论已呈多样化，有些评论也是轻松活泼的。

孙荣凯_Sam：回复@范以锦：我明白您意思了，谢谢详细解答。因为我在外地上学，而实习地点却在家里，所以上学期间就没法继续接采访任务了。怕自己时间一长手会生，故“转攻”副刊。

能能尚：很多东西不是一蹴而就的……试问没有积累何来远眺？

饶沛：绝对正解！有学生去实习，老说没人带，不出活儿。其实这很简单，你就看看你实习的媒体的版组都在做什么样的选题，然后找类似的报题。总之要积极。莽撞点比小心翼翼却出不了活儿好，你是一学生，就先别想面子问题。

黄岩新闻：推荐此系列，记者后备梯队建设其实也是这个道理。

新闻平天下：现在已有学生大一暑假就开始到媒体实习了！

crab环环：关于何时见习这个问题，老师和学生的看法有时会出现极端化。部分老师认为应该厚积薄发，见习时间尽量靠后；学生觉得应该尽早了解媒体环境，将理论运用于实践。其实，见习与积累并不矛盾，学生在有一定理论积累后，利用寒暑假时间实践，进而在见习中发现问题，引发思考，在学习中解决问题，付诸实践。

18. 把感悟记下来大有裨益

微博

范以锦V：见习中最好能够养成记实习笔记的习惯。将一线采访的信息、碰到的问题及收获和感悟记录下来，对于启发我们的思维，加深理论方面的研究是有益处的。尤其是研究生，在此基础上进而将见习媒体当作研究对象，总结规律、发现问题并提出改善策略，这是从实践上升到理论的飞跃。

互动

孙荣凯_Sam：同意范老师的观点，“跑”完稿子了，总会有点想法，可能是今天遇到的问题，也可能是采访的人或者事。不管想到哪些，回去在博客或者笔记本上记下来，时间一长就有帮助了。这种笔记，从专业实践方面说，是备忘录、错题本，从价值观方面看，是个人思想的成长。

咖啡朵儿：可惜我每次实习都没人管，很闲，那我该怎样按照院长说的来做呢？

范以锦：回复@咖啡朵儿：找话题和业界老师沟通。

咖啡朵儿：回复@范以锦：嗯，我也这样想过，就怕有时说的话会让老师觉得无趣。而且老师带的人也多，忙不过来。但现在想想，院长说得对，那也是学习的机会啊。

林灿鹏-实习：实习总会感觉有想法，但是实际操作起来却困难重重！

新闻平天下：做一个有思想的记者。

crab环环：实习笔记怎么记？有的人的实习笔记就是流水账，把每天的情况事无巨细地记录一遍，没有思考，没有提炼，这是在做无用功。好的实习笔记，应该是把采写中碰到的问题、收获的经验、引发的思考记录下来，并定期对自己的见习状态进行自我批评与总结。善于发现自己存在的问题，并及时改进，收效才大。

陈志强东莞笑三少：每期都看范老的这个，很实在，很有针对性。每一个成功的记者都是这样走出来的。用脚丈量新闻长度，用眼睛发现新闻细节，用耳朵聆听新闻延伸，用良心触摸新闻真实，最后的最简单，用手写出来而已。

19. 留下便笺："有任务请找我"

微博

范以锦V：前几天，我的一位研究生接到湖南卫视的邀请到北京做节目。之前，她也只是在湖南卫视短暂见习过，但留下了联络方式，刚好这次做节目适合她便派上用场。有位见习生在某报见习工作不饱满，她给每位记者台面放了写上自己名字和电话的便笺，并提醒"有任务请找我"，立马见效。

互动

媒体源少：这学生不得了啊！

上帝不知道你在想什么Uknow：哇，这确实是个好方法！

能能尚：这是个好的提醒。

河南大学王宏宇：机会总是青睐有准备的人。

冯婉菁：好方法。不知对于其他非媒体有用否？

范以锦：回复@冯婉菁：道理是一样的。

冯婉菁：回复@范以锦：那我试试。

黄保才：在新闻单位实习，很重要的一条，就是主动与采编人员沟通。只有这样，人家才觉得你去外单位采访，人际交往也会没问题的。

南都全媒体集群：有心人，时刻为机会做准备。

蓝毅广州：我来画蛇添足解读：初入职场，态度最重要，甚至是唯一重要的。能力、经验都不会太好，领导、师傅也清楚，不会期望……老师，小蓝说得对否？

范以锦：回复@蓝毅广州：有道理。

洛平感言：实习也需要诚意和智慧。

crab环环：在媒体见习，态度很重要。有的人因为媒体平台不够好就消极怠工，有的人因为见习生之间竞争激烈导致不受重视便产生抵触情绪，这些负面的情绪都会影响自己的心态，使得我们无法保持一个积极良好的态度来完成见习工作。消极的态度不会带来任何好处，见习时应该耐心等待机会，积极把握机会，主动寻找机会。

ND草履琼：实习生必当如此，才能找到机会锻炼自己。记得当年在实习期间，每天自己找线索，然后提供给记者。尽管只获得挂个名的机会，却给老师留下了“勤奋”的印象。他甚至向当时的总编推荐我，最后我才有机会靠近新闻。感谢勤奋，感谢不怕苦。

20. 迟交稿是大忌

微博

范以锦V：今天听一位编辑说，有一位见习生不准时交稿，造成稿件发不出去。编辑部的出版程序一环扣一环，哪一个环节慢了就会造成出迟报，影响报纸发行。所以，迟交稿是采编工作的一大忌。当天发生的新闻不能拖，采写过程中碰到特殊情况，要及时与编辑沟通，编辑自然会提出应对措施。

互动

铁笔侠：什么报社，还等实习生发稿?

朱启禧：迟交稿是采编工作的一大忌，签版晚更是如此。

叶家湾小流氓：是啊，媒体是一个争分夺秒的行业。

crab环环：新闻事件的热度是有时间限制的，超过了大众最密集的关注时段，新闻本身便失去了价值。特别是在媒体竞争日趋激烈的情况下，追求独家和首发也成为媒体竞争的一大手段。从某种程度上来说，时效性就是新闻的生命。因此，稿件一定要按时上交，无论工作到多晚，都必须完成。

21. 没有强烈的时间观念，不配当记者

微博

范以锦V：出版程序马虎不得，新闻单位有铁的纪律作保证。学生到新闻单位见习，一定要改掉懒散的生活习惯，当有采访任务时，必须按时甚至提早赶到采访地点，迟到就可能错过采访机会。不定时的加班也是常有的事，实习生必须适应特殊职业的要求。没有强烈的时间观念，就不要当记者。

互动

小谢啊明：可是在实习的时候看到很多老记者经常迟到……

范以锦：回复@小谢啊明：有任务和抢新闻时，不敢迟到。

小谢啊明：回复@范以锦：嗯，应该是看场合迟到。因为看到他们即使迟到，眼神总是锐利得可怕。谢谢老师！

仰头望天的猪：范老师这话讲得对。悄悄说，我之前实习的时候就怕大清早出去采访。因为既不敢迟到，自己又不想从被窝起来，于是，很挣扎很挣扎。那可是责任心和懒惰之间赤裸裸的较量啊！

若冰如纯：我觉得应该反过来说，有时间观念的不要当记者，因为记者是没有上下班的时间概念的。

范以锦：回复@若冰如纯：是的，不能按部就班，但抢新闻要有强烈的时间观念。

乖梦见：前几天，习惯了提前半小时到。结果主办单位让偶在寒风中等候了半个小时，才开车过来接偶去现场。

群众与真相：老领导，说实话，现在有些同学，吃苦精神、踏实品德，大不如前啊。当然，论智商，是一代胜过一代了。

老揭博博：亲身体会过，实习期就把自己当记者看，不一样的心态不一样的感悟。

刘国城V：一大早起来，如果多两条线索要跑，可能晚上十一二点还在赶稿，一线记者，每天神经都很紧张，累死没商量。

新闻平天下：记者必须是勤快的，也是努力的。要不就不要进入这行，否则，你很累，其他人也很累！

小风筝小风筝小风筝：受教！记者工作需谨慎，马虎不得。

crab环环：守时是美德，对要从事媒体行业的人来说，尤其如此。新闻不等人，哪怕只是迟一小会儿，就可能错过新闻事件的发生，错失绝佳的采访时机，甚至错失难得的采访对象。新闻就是与时间赛跑，当别人都在抢时间、抢新闻的时候，迟到就等于是放弃了竞争的机会。迟到是新闻工作的大忌，见习生要时刻谨记这一点。

xiaochang816：没有牺牲精神也不要当记者，这个牺牲不仅指休闲及睡眠时间，更有突发性新闻事件可能带来的任何后果。

22. 见习前抓紧技术“备课”

微博

范以锦V：见习前掌握基本设备操作也很重要。许多新闻院系有实验室，如网络教室、电子排版系统、广播电视采编系统等。新闻学生要善于利用这些资源，熟练掌握本专业的设备操作，如报纸电子排版、摄影摄像、网站设计和制作等等，以利今后在新闻单位从容实习。

互动

叶家湾小流氓：可是新闻学的学生排版学得再好，也排不过学编辑出版的啊。

范以锦：回复@叶家湾小流氓：学校学的排版，只是一般的基础知识和技术。进入业界后，须在实践中提升。不同的媒体有不同的要求，而且编版不只是单纯的版面技术活，它还需要新闻视角、设计理念的支撑。

crab环环：正所谓“磨刀不误砍柴工”，在见习前夯实基础是绝对有必要的。学生在校期间，在掌握扎实的理论知识的基础上，在设备操作这一块也要熟练，多学多练。若是能达到精通的程度，不仅能让见习生快速上手，进入见习状态，亦会有更多的实践机会。相比什么都不会的新手来说，懂得专业相关技能是十分有优势的。

23. 计划安排与自主见习并举

微博

范以锦V：暨大新闻与传播学院与南方报业共建“准记者南方训练营”，从2007年开始每年举办一期，现已成功举办五期，主要面向新闻专业本科生。学院有组织的引导是必要的，这样做可以集中资源使多数学生能享用，但也要与学生自主找见习单位相结合。找见习单位，也是一种能力的培养。

互动

钱猫猫_：这个要怎么参加？？我是新闻专业学生。

范以锦：回复@钱猫猫_：暨大新闻专业本科二年级下学期开始由南方报业派十人讲课培训，暑假进入南方报业见习。

珠海特区报曹雁行：“南方”可以一举多得。

吕尚彬：范总主持的训练营，堪作南方传媒的人才储备基地。

Chelly喵喵：范老师，请教您一个问题：全媒体是一种"营运理念"还是"传播形态"呢？

KL辛宰勇：回复@Chelly喵喵：似乎两者并不矛盾啊？

范以锦：回复@Chelly喵喵："全媒体"由多种传播形态组成，要做好"全媒体"必须有先进的运营理念。

editom：我觉得找一个记者或编辑直接常驻讲课效果比较好，哪怕一个月。这种长时间直接实际交流和感受比学习书本在培养专业技能、专业认识等方面效果要强很多。

小熊皮：好羡慕暨大的孩子们……有这么好的条件。

crab环环：据我所知，全国已有部分院校利用自身的师资力量以及媒体资源为就读学生搭建覆盖面广、类别丰富的见习平台，学生向学院投报见习意向，学院根据意向合理安排学生见习，学生如果对学校提供的平台不满意，可以自己寻找更加理想的见习单位。此法对于学生来说是大好事，可以依样复制，为更多学生谋福利。

24. 主渠道与多渠道相结合

微博

范以锦V：自办校内媒体，站在“主编”的角度探索报刊定位、选题策划，也是一种实操训练。还可以向传媒投稿，以自媒体人的身份与网民交流。实践之路宽阔，学生可采取多渠道与主渠道实习相结合的办法。主渠道主要指与业界建立密切联系，多渠道就是经常利用身边许多有利条件随时见习。

互动

crab环环：可见，实践的方式和渠道是多种多样的，不一定非要传统主流媒体不可。倘若没有机会进入主流媒体见习，不妨寻找其他渠道，校园媒体、新媒体都是不错的锻炼平台。如果在这些平台上能够出成果，亦可以为自己加码，甚至成为叩开主流媒体见习大门的敲门砖。把心态放平，用心发现，实践的机会随处可见。

曾大亮：范老，我的困惑来自于领导对经营的压力，他们总是逼我写一些我不想写的稿子。作为一名刚入行的年轻记者，很难理解领导这种“金钱利益至上”的新闻操作方式。因为与领导的新闻理念和价值判断的矛盾，让我很困惑，消极怠工的情绪越来越明显，我希望从范老这里得到指导。

范以锦：回复@曾大亮：适应不了就跳槽，跳到能体现传媒人价值的媒体。

Shirley-**伤不起小姐：**范老师好，我是大二学生，在学校新闻网工作，平时经常会有采访工作什么的，但是发现校新闻网的各项要求普遍比较低，采访过程很流于形式。我想好好锻炼自己，怎么去发掘更有意义的新闻价值而不是停留在为了采访而采访呢？

范以锦：回复@Shirley-伤不起小姐：不要停留在一般的报道，可以以新的视角做一些有深度的报道。对大家关注的人和事，要有意识地进行策划，连续报道，而且运用多种报道形式，力求丰富多彩。

25. 积累资源总能派上用场

微博

范以锦V：刚与一名见习生聊过，他参加“准记者南方训练营”的见习，起初因见习生太多，难得有机会写稿，他借此机会研究了各类不同的报纸，并不断观察记者采写活动，待见习人员渐渐离开后，他掌握的资源很快派上用场，发表了许多文章，其中有一定深度的调查性报道就有20多篇。

互动

毛韵心：磨刀不误砍柴工。

lohasQ樱桃肉丸子：这提醒我了，看问题要多角度思考，只要是有心，有能力，有远见，总有用武之地。

范以锦：回复@lohasQ樱桃肉丸子：社会是复杂的，现实中碰到的问题也很多，的确要注意经验的积累，多角度进行思考。

lohasQ樱桃肉丸子：回复@范以锦：嗯，感谢范院长提醒。这对于即将离校的我的确是很受益。

范长敏：这可能就是所谓的“厚积薄发”。没有累积，没有方向，盲目上阵，可能适得其反。

陈瑶瑶在奋斗：机会是留给有心人的。

crab环环：正所谓“知己知彼，百战不殆”，对自己所从事的行业以及竞争对手和合作伙伴等信息都有一个全方位的认知，对于我们开展工作是十分有利的。在进入媒体见习的前期，多做做功课，深入了解和研究所在媒体的定位、风格、走向、竞争对手等信息，见习起来便能游刃有余。多看多想，机会往往会青睐有准备的人。

孙荣凯_Sam：学习了，感谢范老师的分享，虽然看似很冷门的事，其实藏有一定道理。

26. 多体验定能明晰发展方向

微博

范以锦V：刚才讲到的那位见习生，看到业界某些消极现象曾反问自己：“当记者，行吗？”但当他有了深入一线采访的经历后，终于发现有责任感的媒体的可贵之处，也为自己的报道受到社会公认感到自豪。快毕业了，他对我说：“非媒体不去！经过多次反复后终于确定了自己的选择。”

互动

姜心比昕：给彷徨中的新新闻人打气。世界不是只有黑白两色，新闻界也不例外。

汤景泰：读了这个很受启发，现在很多人择业确实常有“爱惜羽毛”的心理，殊不知“好人袖着手，坏人满地走”。

叶家湾小流氓：做记者，觉得要学的东西太多，有时觉得不堪重负。法律、财经什么都要懂一点，下学期准备学点统计学。

手心相对的轨迹：很对，只是我想问一下，学新闻大一时要怎么做？谢谢回答，呵呵。

范以锦：回复@手心相对的轨迹：见习不能太早，也不能太迟。建议大一学生还是先认认真真读点书。

手心相对的轨迹：回复@范以锦：嗯，我现在学的是新闻学概论、中外新闻史，我打算大三大四见习（考虑考研），大一大二读书。

石河子大学熊建军：今天学生还在说应该从大一去媒体，我告诉他们说，读好书毕业去都不迟，没读好书，只是一技者，而非记者。

钟心尧：范老，我今年大四，最近在南方电视台实习，很喜欢那里的人和环境，而我同时又在申请香港研究生，想读传媒或社科。南方台今年正改版，留下机会很大，但读完研究生以后就不一定了。可工作后重回校园不容易，想听范老意见：我该如何抉择？

范以锦：回复@钟心尧：这是艰难的选择！

钟心尧：回复@范以锦：看来我还是要自己想清楚了。有人说如果我能先工作两年再赴港读书，回来以后竞争力更强。

范以锦：回复@钟心尧：不只是考虑丢掉快到手的工作可不可惜，还要从家庭环境、自己未来的发展方向进行综合考量。自己的事自己作主。

钟心尧：回复@范以锦：范老说得有道理。还有人说赴港学习一年学不到什么，我本不信，但三人成虎。

恋恋生僻字：媒体责任感，这是一个很重的担子，媒体人有心，也怕并不是所有媒体都能承担起这份责任。地市级媒体相比中央、省级媒体，有时候受的限制更多。本地小监督行，异地大监督难，隔靴搔痒而已。重大事件更轮不到。责任感自豪感不同，还是得选择对。

---

crab环环：如果能在见习的过程中树立起对媒体行业和记者这个职业的责任感、认同感乃至自豪感，培养出新闻理想并明确自己的职业目标，那么，见习就是非常有意义的。也许有些人在接触到一部分媒体阴暗面后会感到失望，梦想照进现实后难免会存在阴暗的角落，不要过早下判断，深入了解后可能会有不一样的感触。

27. 实践途径多，路得自己走

微博

范以锦V：暨大一位学生尚未毕业，媒体已频频向他招手。幸运，得益于他在实践中对发展方向的坚持。通过调研、见习等方式，他了解到评论重要且人才短缺，便不停地写、不断投稿，现已在近百家知名报刊上发表数百篇新闻评论，有的还发表在中央级大报上。实践途径多，路是靠自己走出来的。

互动

程禹嘉_is_Jolly：青年学生写评论?！真了不起啊！这可是要功底要理论。

叶家湾小流氓：看来要了解市场的需求，并不断提高自己的各方面能力，这样才能走出自己的路。

蓝毅广州：敢干肯干是基础，能干懂干决定成就。

范以锦：回复@蓝毅广州：有哲理的话。

爱若芷行：我对评论也挺感兴趣的，就是不知道怎么才能写好呢?

范以锦：有位笔名叫然玉的大学生，时评小有名气，你在百度搜索一下，看他是怎么写的。

花喜小天：范老师，我写评论最不拿手，也是最欠缺的部分，可是自己瞎写，或者照葫芦画瓢，都是不对的呀!

孙荣凯_Sam：其实，一篇好评论不光在遣词造句上很出色，更重要的是其独到的视角和确切的评述。要想写出好的评论，不光要看那些受好评的作品，还应该对其每一段的内容和整个文章的结构进行分析，剔除“肉”看“骨头”。范老师您觉得呢?

范以锦：回复@孙荣凯_Sam：确切、视角、结构——好评论必备。

卖图图one：范老，写评论真的很头疼啊，还有十几天就研究生考试了，评论写得一团糟，现在在练习写文案。

佘宗明：哈哈，范老您好！然玉是我好友，他评论很有风格咧。顺便自荐下：我是华中科技大学一学生，在国内外报上发表了评论1000余篇次，大三时，亦有报纸招手。评论确实是种自觉的新闻践履，考验韧性。

淡蓝的一点点：然玉就是2008新闻班的蒋璟璟师兄吧，他很厉害啊。时评这个项目很考验功力，一般新闻学生还是不敢下手。

吾辈乐意之至：我想请问范老师，不是新闻专业也不是本科生，只是专科生的大学生，有没有机会从事这方面的工作。因为很久前就想成为一名记者，现在也有热情。求指导啊！

范以锦：回复@吾辈乐意之至：专科生做新闻的也有，但只停留在专科的水平是做不好新闻的，应继续深造，即便不升本科也可以自学。文科自学成才的很多。

吾辈乐意之至：回复@范以锦：谢谢范老师解答！会去找新闻方面的书看的，有机会也希望能去实习。

范璟：不错的励志例子。寻找所爱，发现所爱，坚持所爱。

---

crab环环：见习不仅仅是一个了解媒体行业和记者职业的过程，更是一个了解自己的业务能力和探索未来发展方向的过程。见习能让我们掌握行业的供求状况，了解自身的优势和劣势，从中摸索出更适合自己的职业走向，制定相应的规划并付诸实践，媒体之门就不难敲开。认定一件事情，并坚持下去，总会有所收获。

28. 写论文也是一种见习

微博

范以锦V：见习不只是写新闻稿，在接触社会中要善于将了解到的媒体状态和新的传播现象，结合新闻传播理论进行透析，形成论文。尽管现在论文太滥，但我还是鼓励自己的研究生写论文。当今做新闻更需要新视角和深度、高度，写论文可提升这方面的素养。当然，要下点功夫，不能马虎应付。

互动

世笑瑾：看似繁杂、多样的新闻事件的传播，细看，都渗透着经典的新闻传播理论。

客观旁观者：实习的沉淀决定论文的深度。

范以锦：回复@客观旁观者：一次次的采写，就是一次次的积累和沉淀。

乔小鱼：唉，范老师啊，我这两天就在揪头发写论文啊，关于网络时代媒体责任的。想找一个网络事件作为案例，但是太热的如小悦悦啊又不敢下手，这就是平常不积累临时找不到佛脚的难受，老师能否点拨一下下……

范以锦：回复@乔小鱼：很多事件可分析，如“八毛门”医患事件中的某些媒体的偏听偏信、不加核实转载网络上杜撰的“国税47号文”。

乔小鱼：回复@范以锦：嗯，谢谢范老师，我选了杨武事件。

黄义仲V：勇于实践，善于思考总结。

鱼尾hot：抬头是梦想，低头是行动！前进吧！

________Mendela：您觉得作为学新闻的学生需要了解哪些其他领域的知识，比较利于今后的采写呢？

范以锦：回复@________Mendela：当记者、编辑文笔一定要练好，这是最基本的。新闻工作对知识的追求是无止境的，而人的精力却是有限的，可根据自己的兴趣爱好和工作岗位的需要进行学习，然后逐步扩展到其他方面。

柒圆：致敬！微博的作用当是执政者、学者、大众等等交流、完善的平台。当前不作为者太多！学者理当发挥站立学术前

沿、具有学术权威、有人格魅力的作用，引领提升与完善学界、思想、道德、体制规范，而非漠视、缺失责任，更非口号式地叫嚣革命！

---

crab环环：见习不只是多听、多记、多写、多练，更重要的是要多想，例如热点背后的传播学现象、事件背后的理论启发、媒介发展的生态规律、媒体运营的创新方式。在见习过程中，许多的现象、问题都值得思考。把那些值得研究的问题记录下来，用理论知识去分析和探讨，从而得出解决的方法或创造性的总结，这就是收获。

29. 在互相交流中取长补短

微博

范以锦V：业界老师对见习生褒贬不一，有的不太满意，有的却有超乎寻常的评价。不足为奇，手指有长短，见习生能力有差异。有的并非水平问题，而是环境或其他因素造成的，同伴点拨一下就行。每个人都有酸甜苦辣的经历，成功者自有成功之道，见习生之间应加强沟通，在交流中取长补短。

互动

小小诗Super诗：在实习期间有范老师的指导，学生们真幸运，感谢您。

叶家湾小流氓：您觉得能力得达到什么样的程度，才能去省级媒体实习，才能充分利用省级媒体这个平台？

范以锦：回复@叶家湾小流氓：不是达到什么能力才去实习，

而是在见习中提高能力。

东方之子0310： 我在实习的时候认识到，实习生就应该把自己当成真正的记者去参与报道！这样的话，老师也会喜欢，自身也会得到锻炼，学到知识。同时也要从不同的角度对新闻事件进行多多思考，做出出色的新闻报道来。

王晶news： 回复@东方之子0310：同意！有主人翁精神，才能把事情做好。现在很多实习的同学不自信，总是等着派任务，时间很快就过去了。

东方之子0310： 回复@王晶news：我刚开始实习也是不知道主动去跑新闻，后来才认识到的。要是业界的记者们能在实习生刚去实习时就引导他们主动参与报道，让他们有主人翁意识，这样就更好了，实习期间，师生都会获得收获！

crab环环： 在同一媒体见习的学生或是从同一学校走出的学生应时不时地聊聊天，彼此分享一些经验、教训、收获和牢骚，不仅可以从他人那里获得积极向上的信息和力量，而且还可以排遣自身的负面消极情绪。1+1的力量是可以大于2的，不用羞于向别人请教好的经验，亦不要吝于分享自己的收获，信息交流的结果是共赢。

30. 创建群体交流平台

微博

范以锦V：“前程似锦——什锦范”，这是我指导的几届研究生交流的QQ平台，学生中有的在校，有的已就业，也有的正在见习。在这里，我常看到“我有一专题要做，欢迎师弟师妹参与”、“向师兄师姐请教一个问题”。见习交流可以个体对个体，也可以创建群体平台吸引大家互动交流。

互动

南国晨枫奔跑在路上：可以参与吗？期待。

范以锦：回复@南国晨枫奔跑在路上：群里的规矩是必须是“范门”。

南国晨枫奔跑在路上：回复@范以锦：俺非“范门”，仅一小城的媒体从业者。

一弓人：过去不是您的学生，现在期盼成为您的学生，未来可能成为您的学生的我，可以参加吗?

范以锦：回复@一弓人：哈哈，要群里表决通过，非“范门”很难通过。

海威小纯洁：呵呵，作为群内的一员，除了感觉有些膨胀外，还感觉到了以后要为活跃该群贡献自己的微薄之力。

---

crab环环：新闻专业的学生，有一批十分重要的人脉资源，就是同专业的校友，特别是比自己年长的师兄、师姐们。他们毕业后有不少进入媒体工作，比我们更加了解从业情况，而且我们正在经历的阶段他们曾经都经历过，不论是提供见习机会和经验，还是解答发展方向上的困惑，他们都有发言权，虚心请教必然会获益良多。

第三系列　学习篇

1. 专业结构与人才需求结构应一致

微博

范以锦V：“需求饱和”信息，消减学生的学习热情。究竟“供过于求”，还是“货不对板”，或供需不顺畅？“供过于求”基于传统媒体的说法，如果站在泛媒体角度，传媒人才并不是多了。即便传统媒体，做深度报道、写评论及经营、复合型管理人才也短缺。专业结构与人才需求结构应一致。

互动

晶晶在线快乐无限：信息发布渠道确实是越来越多了，哇咔咔……

吴雨辰：传统媒体中做深度报道和评论的就是行业最尖端的人才，需要大量的知识和实践积累，不是学校能统一批量生产的。做个普通的记者不难，难的是能主观独立思考，提出质疑，深度发掘本质，还能在压力面前坚守自己的底线。

叶家湾小流氓：专业结构确实与人才需求很难对接。现在很多媒体都不太喜欢用新闻专业的，觉得这个专业的学生法律、财经方面的素养不够，根本无法写某些报道。

小明A大鸣：搞点干货，不怕没销路。真枪，磨出来！

世笑瑾：在业界看来，依然需要大量优秀的媒体人才，而在新闻学子看来，“工作难找”的抱怨依然不绝于耳，这似乎是个很诡谲的事情，其实未必。为了找到好工作，要“学以致用”，为了实际应用而学习。

微波小咖：传媒人才“需求饱和”？这是一种错觉。高校培养的传媒学子越来越多，但现实的问题却是媒体招不到适合的人才，症结就在于学校培养的人才与市场需求难以有效对接。“按需培养”才符合市场的需求，学生应该有意识地通过了解行业人才需求结构来苦练内功。

雕刻时光：可在当下中国，新闻学教育大多是囫囵吞枣。

东汉囚徒：范老师此言有理，只是，当今多数新闻院系的教学，尤其是本科教师的不负责任，难以让人恭维。说来说去，又说到考核机制上了。

2. 学习动力：业界需求

微博

范以锦V：业界的需求，就是学习的动力。从新闻业务的角度来看，传媒业界需要三方面的创新能力：具有适应内容创新的过硬语言文字表达能力，以新的视角和方法洞察社会的能力，把握新媒体时代新闻发展趋势的能力。当下媒体同质化突出，只有与时俱进，不断创新，才能在差异化经营中找到出路。

互动

尹坤_Mister：学习无止境，创新价更高。

postgraduate2007贝贝：请问新时代新闻发展的趋势有哪些？

范以锦：回复@postgraduate2007贝贝：传统媒体既要利用自

己掌握的新媒体快速反应，又要根据传统媒体的特点慢中求准、求精、求深，提升传统媒体的权威性和公信力。

石河子大学熊建军：新闻教育的技术主义路线影响学生内涵提升，但是对于学生而言，技术掌握总是他们更乐意学习的，这给新闻教育者带来难题。

范以锦：回复@石河子大学熊建军：有同感。只追求技术，不培育内涵，新闻激情易消退。

婚姻法：范先生如何看待当前的走基层活动?

范以锦：回复@婚姻法：记者应该走基层，而且应是常态，而不是贴标签、搞突击。到一线采访是新闻工作的基本要求，也是优良传统，但新时期面对新情况应有新招。不能只讲继承，不讲创新和提升。

歪歪牧野禾子：传统媒体必须与新媒体共同成长！

洪门七兄_地产江湖：确定对采访对象采访之前，应该通过网络或其他路径，了解一下该领域的一些基本常识，这样才可以更接近真相，可避免犯更多的常识性错误。同时还应该放大自己的想象力，设想一下报道出街后会引发何种可能性的结果，包括正面的和负面的，落笔可能就会更审慎。

范以锦：回复@洪门七兄_地产江湖：瞻前顾后，立于不败之地。

洪门七兄_地产江湖：对“铁肩担道义”的新闻底线的坚守，哪朝哪代应该都不会过时。

洪门七兄_地产江湖：其中“铁肩”所担的“道义”，理所当然地包括了人文关怀，不然就成了匹夫之勇。

postgraduate2007贝贝：新的视角和方法、洞察世界的能力，请问有哪些新的方法、认识问题的新角度?

阿槑有话说：语言表达能力、社会洞察能力和技术创新能力。

微波小咖：“创新”是新闻从业者必备的能力与品质。在信息媒介日益发达的环境下，创新表达能力很重要。许多报道线索来自网络、发端于微博，记者不仅要紧盯不放，还须辨别真伪，有自己独立的见解。因此，了解新媒体的发展变化、研究新媒体的特点、借助新媒体手段，为我所用，都是传媒从业者经常要思考的问题。

东汉囚徒：不谈教育界的事，仅从职业体会上讲，老师说得很对，受教了。

木棉子：需求是发展的动力!

3. 不能消极应付教学大纲

微博

范以锦V：媒体转型期，传媒人的宽阔视野、独特视角和重大题材报道的组织策划能力，变得尤为重要。在难抢到独家新闻的情况下，可以有独家的观点、视角新颖的调查性报道和充满创意的版面，还有形成规模的追踪报道。传媒学生在学习中不能只是消极应对教学大纲的要求，应付考试拿个好成绩。

互动

pang鸿儒ing：到期末的时候才知道，其实一学期学的东西，还不如考试时几天知道的多，这是多么可悲！教学相长，克氏说，若你对于所学的东西不感兴趣，是因为老师对他所教的学科不感兴趣导致的，其实未必。

YoYo周宇璇：可是，决定权就在大纲手里。

刘雯：这话应该说给出考研试卷的老师听！

毒鼠弱：所言极是——难抢到独家新闻的情况下，可以有独家的观点、视角新颖的调查性报道和充满创意的版面，还有形成规模的追踪报道。

观城家-马星宇：只有努力和坚守新闻理想的人，才有可能在并不畅通的实践练习渠道中表现那份执著。

Tiffany珊：再独特的视角也要有支持的人啊！

涂五少爷：谨记范院长的教诲，我们会在实践中将之付诸行动。

大将军石敢当：院长说得没错啊，广阔的视野是传媒人以后转型必须具备的素养。

蓝鸾婷：这些可能需要实践培养。

世笑瑾：“理论是灰色的，实践之树常青”，记得这句话是我们当初学习高中政治时经常会考到的一道题，它无非是在说理论与实践的关系。与传统观念中的学习相对应的就是理论学习，不过学习也要与时俱进嘛，与实践需要相结合的学习才是真谛。

微波小咖：应坚持“内容为王”的发展思路以及以读者为中心和“受众本位”的传播理念。以受众为本位做好“内容”，就应做“新”做“深”。“新”体现在思路新，即以独特的视角和新颖的观点切入分析；技艺新，能让信息载体的版面、形式等更具新意。而“深”则重在调查的深度、思想的深度及影响的深度。

4. 市场为导向，不应消磨职业精神

微博

范以锦V：就业是个现实的问题，学习中也必然会从择业的角度选择课程，但传媒教育所要培养的是为传媒提供愿意为公众利益鼓与呼的人才，不仅仅是为了解决就业。毕业后从事的未必是传媒工作，但学习阶段重视传媒职业境界培养，将使你终生受用。市场需求为导向，不应消磨传媒职业精神。

互动

钦差的微博：同意范老师的观点！新闻教育应该让学生树立新闻理想，提高媒介素养，而不仅仅是技术和技巧上的掌握。

JK–敏儿：新闻理想与现实差距也很远，很多喜欢从事新闻行业的人，却不能如愿。新闻之路，真的不好走?

周不宁：范老此言不仅对新闻系毕业生有指导意义，也值得媒体人自我警醒。

微波小咖：范老师所讲的其实是道与术的把握。现实中，我们往往会过于热衷于解决就业的术，而忽略了要勇为公众利益鼓与呼的道。应牢记传媒职业精神是传媒人的根，坚持职业境界培养是传媒人的本，这才能使每个传媒学子都能以职业精神为最高荣耀，而不是跌落在现实的沼泽里求生。这虽然是一种理想状态，但未尝不可期许。

范以锦：回复@微波小咖：道与术，是这回事。

鱿鱼_诗：总想说点什么，可是到嘴边了却说不出来。总之，真正到选择就业时发现其中的无奈！

丘克军：传媒人的传媒职业境界培养将使你终生受用，不管你将在传媒界还是其他行业里工作。

李惠：高中时想要学传媒，而因为种种原因，选择了与它一点关系都没有的专业，但始终觉得媒体人应当比其他人群更富有正义感。

5. 大传播观念下，独特优势不能丢

微博

范以锦V：多元社会使新闻学与其他学科的交叉变得莫不可测，为传媒培养专门人才，变成为社会方方面面培养大众传播人才。一个传媒学院如果能让学生在媒体以外的其他领域也显示出其专业训练的独特优势，该校的新闻传播专业就具有其品牌价值。在大传播观念下，不能放弃新闻专业自身特色。

互动

新闻偏执狂：一直觉得可以学别的专业，自己辅修一下新闻就得了。

新闻学子蔡楚泓：不能放弃新闻本身！这是最重要的！

陈瑶瑶在奋斗：老师，我是读旅游管理的。旅游管理也是交叉学科，要学很多东西，但是旅游管理和新闻传播联系不大，读旅游管理专业的学生以后可以从事新闻传媒这个行业吗？我的学校不能辅修新闻传播，但是可以辅修中文，若是有了扎实的文字功底，还需要什么知识和素质呢？

范以锦：回复@陈瑶瑶在奋斗：中文知识掌握了，做新闻就有了一定基础。任何知识包括你学的旅游专业知识，对从事新闻工作都有帮助。如果有当记者的想法，可以先到媒体见习一下，并补充新闻的相关知识。

陈瑶瑶在奋斗：回复@范以锦：嗯，谢谢老师，我会努力追求我要从事的事业和我要的生活。

北京赵雪：是这样呀，实践中深有体会。

乔小鱼：这就是杂家与专家吧！

立青山风小妹：兴趣+新闻专业=快乐记者。

兔子禽兽：你认为新闻专业的特色在哪儿？是突出的采编能力吗？

范以锦：回复@兔子禽兽：表现出来的是采与编的能力，其内涵是理念追求、新闻敏感、独特视角等素养的培育。

梦邑樵郎：我曾提到过传媒人才不仅要有新闻专业的敏感和勤奋，而且要具备政治学的识见、社会学的方法、历史学的洞察力。有了这样一些知识储备，尤其对记者从事深度采访的选题和报道大有裨益。因而，传媒学院应该开设这方面的选修课。不知范以锦老师以为然否?

范以锦：回复@梦邑樵郎：有同感，仅有新闻学知识是不够的。

丘克军：在大众传媒背景下，人人都是传播者，人人学点传播知识很有必要。

飞燕衔萍：可以转做市场营销，因为有传播理念与受众理念、客户理念。

世笑瑾：关键还是要具有差异性和不可替代性，不管是学院本身的培养计划还是学子自身的专业特长。如果从经济领域的角度看，就是“USP”（独特的销售主张），做到“人无我有，人有我优”。

微波小咖：专才难得，但是一专多能的人才在当今社会显得更为重要，如果能在学好传媒的基础上在其他领域也有所建树，那么对新闻传媒业的立意创新也会有很大的作用。因此在教学过程中，一方面要把握新闻专业自身特色，另一方面也要注重新闻学与其他学科交叉领域的研究和学习。

刘君英：新闻应以客观公正为基本准则，应与社会同步发展。

6. 技术非首位，核心价值最重要

微博

范以锦V：腾讯挖走南方周末资深记者傅剑锋，绝非看中他的网络技术，而是看好他的新闻业务运作能力。当今传媒格局有了很大变化，新闻学生自然要学习网络等新技术，但网站要技术人才不会从新闻专业要，到新闻专业找的是对新闻有悟性的人。技术非首位，把握新闻核心价值才是最重要的。

互动

onday-奥迪：有核心竞争力的人到哪儿都有一片天。

梁姗姗：@傅剑锋，锋哥成活教材啦！

管勇：内容才是王道。新媒体不仅仅是载体形式的变化。

小懒懒爱偷懒：硬件易搞定，思想难学。

Dongdong海明儿：相较于其他门户网站，腾讯的新闻一直都是短板。网易新闻独当一面，新浪原本不错，借微博大发其力。做门户网站新闻，有难有易。易的是有大量重复资源，难的是如何体现新闻价值。

胡展奋：范老师说得对，技术是“形而下”的，唯“创新能力、新闻谋略”才等而上之，所以新闻是一门经验性行业。

路人小高：技术可以不精，但要懂。很多时候最能表达个人想法的正是自己做出来的东西，比如配图、布局等。

小记者刘洋：昨天开年会，高总还叮嘱我要多看多想多体会呢。

喻志勇：需要新闻嗅觉和敏感度，能挑逗网民的关注和吸引眼球，而又知道媒体底线和官方底线。

深大传媒研究：很多同学都有这样的疑惑：传统媒体逐渐式微，以后出来做新闻有前途吗？正如范老师所言，技术非首位，你掌握了做新闻的核心价值，在任何技术形态下，都是能很好地适应的。

依梦兮兮：学着去把握新闻内核。

曲向伟：时代在发展，科技在进步，对新闻记者能力的要求越来越高了，想做个好记者不容易呀！

微波小咖：对于新闻学子，技术和理念哪个更重要？有人认为，新媒体时代没技术就难以生存，技术是实实在在可把握的，而其他都是空虚的，难以捉摸的，因而忽略新闻素养历练。纵然网络媒介技术能改变一切，但它始终是工具，属于操作层面，受思想和理念支配。因此，培养专业悟性，掌握新闻核心价值才是上上之选。

世笑瑾：技术只不过是纸老虎而已，没必要恐惧。如今网络等新媒体技术其实也就像早期的印刷术一样，给人们带来的传播方式都是颠覆性的，但是新闻的核心价值依然如故，“内容为王”并不过时。

师至洁：懂网络的新闻人会越来越走俏。

杜俊毅：想到了陈菊红，南方系不愧为黄埔军校啊，人才分布在长城内外。

7. 强化传播理念，别的领域也可游刃有余

微博

范以锦V：在昨天的一个传媒论坛上，一位策划机构人士介绍如何将一个长寿村推向市场。从研究水质、卖水开始，到优质水和土壤种出来的农产品销售，再到系列产品开发……策划方案充满着独到眼光和传播效果思路。由此得到启发，强化新闻传播理念和价值训练，也可在别的领域游刃有余。

互动

风筝的2012间隔年时光：学好新闻传媒，在公共关系上也会有一定的用处啊！

吕尚彬：他运用了广告传播中的“USP”理论，从各类“水”的功能与特质的角度，提炼创意核心概念，做得不错。

小C思绪不间断：新闻传播理念和价值的训练，能够使眼光更

加独到和长远。

韦英平：看来，对价值发现能力的要求，在什么领域都是一样的。

培文-：整合的营销传播策划是王道。

瑞征蓝维维：传播的核心是价值和真实。

世笑瑾：无论是企业的产品推广，还是恶意的网络炒作，可以说，新闻传播活动早已融入到人们的血液里，只是易被忽略。包括我们日常生活中跟人交流时如何把自己很好地推销出去其实也是一种传播活动，尤其是面试时。学好新闻传播理念无论对工作还是学习都是很有帮助的。

丘克军：传播理念是传媒人被挖走或自己跳槽成功的本事吗？南方日报经济新闻中心的郭逸晴、孙茂勇是怎样跳槽到南方电网和中烟公司的?

微波小咖：创新是不分领域不分专业的，传播理念和价值训练在不同领域也可融会贯通，如果在一个领域能够打开市场，那么在另一领域同样也可能有不错的表现。但是能够具备独到的眼光和新颖的传播理念并非一日之功，而是经过长期知识的积累和沉淀才逐渐形成的。如果没有深厚的功底，创新是谈不上的。

8. 先通才，后专才

微博

范以锦V：非常专业的报刊或栏目需要专才，而大多数报刊需要通才，即掌握了基本理念和方法，虽没有某领域的专长，但有能力报道专业人士的观点。为专业报刊设立的新闻专业的学生，未必能如愿进入。因此，首先要当作通才来培养。一旦进入专业性较强的报刊或专栏，在通才基础上力争成为专才。

互动

华南师大报：要以博养专。

浮躁有毒_____：范老师，一般的消息写作比较容易掌握，但通讯题材平时训练很成问题，怎么去强化这方面的能力？

范以锦：回复@浮躁有毒_____：需要有较强的叙事能力，这不仅要有良好的文字功底，还要有捕捉新闻细节的敏感和技巧。

北京赵雪：这种能力是可以在工作中通过同题报道比较等训练养成的。

新闻部老洪：其实新闻写作还有一个对新手适用的方法，就是做好对题材的预处理工作。提前对新闻事件（包括可借鉴参照的突发类事件）的种种可能进行合理推断，可有效弥补对新闻细节、片段捕捉敏感度不足的缺陷，毕竟这个“敏感度”，主要还是靠日积月累的观察写作才有提升。

will洁：通才，专才，做个好记者就应该学会迅速转变角色！

心婧如水：老师，我就是什么都了解点，但不精。

Suki玩物丧志：其实我想问一下，是不是要成为报纸文化版或者文化类杂志的记者、编辑会格外困难？门槛相对一般要高而且需求量会很少？

范以锦：回复@Suki玩物丧志：我有一个学生很喜欢读文化娱乐类的书，也有志当这方面的记者，并顺利入职。其实要当好文化娱乐记者，与知识积累和志向有关。许多综合类报刊将文化与娱乐放在同一个部门，普遍反映，优秀的文化娱乐记者不好找。从这个角度看，还有需求。

Suki玩物丧志：事实上我认为，非专业人才去做专业类报道的优势在于，能够将“专业性的东西以通俗的语言表达出来”，能够从非行内人士的角度来看待一些专业的东西，如果做得好，这样可能对于一般受众来说会更容易接受吧！

木木yumi：术业有专攻！要加油！

Dongdong海明儿：对，首先作为通才去培养自己，这是为了能胜任各种各样的工作；然后在某个专业上取得成就，这就表明你有能力在这一领域立足。

菲源琦加：可是很多报道要求“专”而非“通”，往往学法律的可以做法制新闻，学经济的可以做财经报道，但很少会有单位接纳通才，然后浪费时间培养你成为这方面的专才。

范以锦：回复@菲源琦加：我这里特指新闻专业。比如体育新闻专业记者，首先要把自己培养成为做新闻的通才，不要一下子就定位为体育记者。不然，毕业出来进不到体育类的报刊或专栏会很被动。

张轲尧：所以，体育学院的同学要注意了。

YoucancallmeFat：一直觉得以通才为基础，专才才能有足够的平台发挥。

新蕊：全才虽然各方面都有涉及但是弊在不精，除非某专业不需要太透彻的人。

微波小咖：大学教育首先是基本专业通识教育和能力素质培养，即培养通才，在此基础上才会向专业深度方向拓展，培养专业“高、精、尖”人才，也就是对专才的培养。专才通才各有所用。做“专”利在深刻，弊在面窄，容易受限，一旦发展不畅，很难转行。不妨先把自己培养成通才，将兴趣与境遇结合，再努力成为领域专才。

丘克军：综合性报刊需要通才，专业报刊需要专才。21世纪经济报道需要复合型人才，即最好是本科中文或新闻专业，研究生经济、财经或金融专业的。

9. 复合型人才最缺

微博

范以锦V：最紧缺的是知识宽泛、具备多方面能力的复合型人才。就传媒而言，应通晓采编、经营，并具有管理、运营能力。学生很难在校就成为复合型人才，但有这方面潜质的学生可以通过拓展知识和参加社会活动提升潜能。真正要成为复合型人才，则要在进入传媒单位多岗位训练后才能达到。

互动

刘超群A：这样会不会变成全而不精、多而不尖的人呢，毕竟新闻需要的专业知识更多，愚见。

杜俊毅：这就好比是战场，打过仗才能提升战斗力水平，在“中国之声”实习的时候感慨于那里记者的博学，问到某个领域，他们就能很详细地讲出相关行业的各项政策法规，作出一番精辟的论断，不知道自己有没有能达到这一境界的那一天啊。

南方一飞：做好采编，再做广告、运营、策划、市场，各个岗位都要历练一番。

石志君Frank：专精和全能都可以成为发展方向，结合个人能力和勤奋程度来看。

曲向伟：看来实践比书本上的知识重要得多。老师，您认为新闻系的学生是应该先就业有了一定工作经验再考研还是直接考研呢？

范以锦：回复@曲向伟：不能一概而论，各人有不同情况。本来工作之后再脱产读新闻研究生是不错的，但有的工作后就不想脱产读了。还有，按现行的考试体系，在职的往往考不过在学的。

丘克军：这种复合型人才比前面说的单纯采编复合型人才要求更高，目前大学里好像还没有此类专业，成才者均为在战争中学习战争。不过南方报业办了几期EMBA班，弥补了这方面的不足。

微波小咖：实践是获取知识的必经之路，在多岗位训练更是积累知识经验的一条有效路径，从专才向复合型人才的转变需要在不同的岗位上锻炼。知识面广固然重要，但是不能贪多而不精，如果知识面宽了，却浮于表面，这也不是真正的复合型人才。

奉雄辉： 中央大报及境外媒体驻站记者，不少是复合型人才。

何新田： 学新闻的进入社会后又是一轮再造，有了若干年的实践经验之后才有可能成为复合型人才。

10. 寻找“学”与“术”的最佳结合点

微博

范以锦V：新闻学实操性强，并不意味着可以忽视理论知识学习。“学”主要指理论知识层面，“术”强调的是与技艺相关的实操层面。“学”与“术”有联系，又有区别。“学”是“术”的基础，不学难有术；学了，不善于与实践对接依然乏术。新闻学生要积极寻找“学”与“术”的最佳结合点。

互动

樵山潮人：经济学亦如是，学习了。

小懒懒爱偷懒：大一大二觉得做新闻很简单，有技能甚至有热情就够了。大三以后渐渐发现做新闻很难，越来越力不从心，因为它需要灵魂和思想来支撑。几年的新闻专业给了你够宽的知识面和够广的视野，却让你越来越浮躁，浮于表面没有深度。等

意识到这一点后，四年已经过去，唯有跨专业继续读书。这是我的亲身经历，颇心酸。

小懒懒爱偷懒：虽然现在辗转到另一个专业，但我从不后悔学新闻，甚至到现在我的热情依然在新闻。我一直感谢大学的老师们。他们给了我极大的启发，给了我起飞的勇气，给了我飞翔所需的能量，让我看到那么广阔的天空。至于能在这片天空中飞多久，就看自己了。感谢老师。

丘克军：这里讲的是“道”与“术”的关系。“道”是新闻理论与理念，“术”是实现方法与途径。“道可道，非常道”是21世纪经济报道成功之道。硬新闻就是硬道理，中国道路，全球价值。

微波小咖：新闻学是一门实操性较强的学科，理论与实践的结合尤为重要。“学”就要打下坚实基础，掌握专业知识和技能；“术”就要将知识技能融会贯通，在工作中发挥出其应有的作用。如果“学”与“术”成了两张皮，那么学到的东西难以应用在工作中，这样“学”与“术”就成了一个空皮囊，难以发挥其合一的功效。

木棉子：实践出真知。

曹轲：“学”与“术”，“道”与“术”，不可不察。

哈尔滨长虹维修：学知识，术技能。学而有术，不学无术。理论知识与实践相结合。“学”，“术”，合而生产力来。

11. “学”要到位

微博

范以锦V：“学”要到位。“学”的缺失首先是新闻创新理论的缺失，前沿的新闻实践已轰轰烈烈进行，但停留在一般性的总结而未上升到理论层面，更未转化成“学”的层次。教材往往是相对固定的，要创新教学内容，就要强化教材之外的前沿理论知识学习，如需关注比较前沿的新闻出版物。

互动

偉龍想飞：范前辈，前不久看过您在《新闻与写作》发表的2011年十大传媒事件的文章，非常地喜欢，也非常地乐意看其他新闻类出版物，比如《新闻记者》、《新闻战线》、《新闻爱好者》、《新闻与写作》等等。比起这些杂志上的文章，课堂上的理论真是小巫见大巫了。

---

juno-ruc：学习了。任何学习都是如此。

张轲尧：范老师，您好，每次上课我发现老师讲的教材上的内容比较死板，所以更喜欢看一些新闻刊物，如《青年记者》，最喜欢这本刊物了。总感觉在新闻刊物上看到的比课堂上的内容要更实用、受益更大。

范以锦：回复@张轲尧：新闻业变化太大，教材跟不上，所以听课与课外阅读要结合起来。

丘克军：这种“学”就是新闻实践的理论升华。范以锦院长面试研究生，问：你读过哪十本新闻图书？学生所答有八本为南方日报出版社出版的新闻图书。《创世纪——一张财经报纸和她的世纪梦想》就是此类读物。

微波小咖：大学如果不能及时把握业界新动态，更新授课内容，又何谈指导实践、创新新闻理论呢？教材是固定的，但老师却是灵活的，老师应该丰富教学内容，通过课本与前沿新闻出版物的结合，将更多的前沿理论知识贯穿在平时的教学中，使学生能在有限的时间内掌握更多的前沿理论，这样才能完善“学”的内容。

袁端端：对，固守成规只会写出填鸭式报道。更好的方法是保持对国外媒体和最新研究的关注度，不需要特别深厚的研究，但需定期关注。大学时翻遍了自己的教材，却发现早已过时多年，而许多老师却照本宣科。北大清华经常会有很多前沿书籍出版，而影印版的美国新闻学教材也是不错的选择，另外就是各类知名的研究网站。

冬桑榆：回复@袁端端：同意，那些原版教材看了还能练习英语呢。

才华烨：高校的新闻教材早都落伍啦，需要范老师这样的实干家帮着更新换代。

12. 学得太窄，难有创意灵感

微博

范以锦V：“学”的缺失，还表现在“学”的范围太窄。传媒业是充满创意的行业，没有丰厚知识支撑很难产生创意灵感。记者在采访中不知要碰到多少新情况、新问题，这需要有历史视角的眼光和较强的逻辑思维分析能力。因此，要强化对社会科学、人文科学的学习，丰富跨学科视野。

互动

蔡廷永：知识面越宽，功底越扎实，发展的潜力就越大，不出头都很难。

传播学子：博闻强志，厚积薄发……

深大传媒研究：有道理，应该多关注社会学、心理学、人类学等相关学科，拓展视野。

石河子大学熊建军：目前新闻传播类专业的培养方案随意性比较大，要是教学指导委员会能够给出一个各专业的基础模板，在模板基础上各学校根据自己的特色与师资开设选修，一方面可防止千篇一律，又能不致随意而为。

心灵世界张卫军：认同，年轻人还应“沉”下来。

金progent星：关注人文学科、社会学科，是对的。还要关注社会现实，有敏锐的洞察力。很难想象新闻学生搞新闻不知道中国近现代史，不知道台湾地理，不知道国民党、马英九。

孙荣凯_Sam：那范老师，对其他相关的社会学科或者人文学科，了解到什么程度算是合适呢？我准备出国，但是纠结于不知道考本专业的研究生还是相关专业（比如经济学或者社会学）的好。

范以锦：回复@孙荣凯_Sam：如果你将来计划从事新闻研究或当新闻专业老师，建议读新闻。如果是在新闻业界从事采编，按理是跨学科为上策。但由于国外学新闻的方法与我们不同，不会与国内所学的重叠，因此继续学新闻也是不错的选择。

孙荣凯_Sam：回复@范以锦：谢谢范老师，虽然是继续学习新闻，但是仍然要对其他相关学科保持兴趣，以备“不时之需”。

hana木耳小姐：范老师，能否抽空解答？首先，有“中国无新闻”这样的说法，说新闻在中国无非就是党和政府的喉舌，而不能完成新闻人的新闻理想，是这样的吗？另外，如果要去南方周末这样的大报工作，是不是非要研究生毕业呢？最后，如果念研究生的话，范老师认为香港浸会大学的传媒是否会比内地的要好一些呢？

范以锦：回复@hana木耳小姐：中国现在很多新闻啊！翻翻每天的报纸，点击网络，都可看到很多新闻。你谈到进入南方周末的问题，的确难度很大，层次要求越来越高，但没有“非研究生不可”的要求。读新闻研究生也并非非香港不可，人大、复旦也很不错。

小懒懒爱偷懒：啥是历史视角啊，范老师？

范以锦：回复@小懒懒爱偷懒：历史视角体现的是观察和分析问题的视野和高度，如果只是从一个片段、某个时段观察问题，就有可能出现偏颇。从历史长河中看问题，视野开阔，就会站得更高，更客观、公正地看待问题。

婚姻法：大视野下出好新闻报道。

丘克军：新闻报道就是第一时间把社会上新鲜有价值的內容公之于众。你没有创新独特的视角与思辨能力就成不了意见领袖。

微波小咖：“学”的面要放宽，不能局限于冰山一角。要想

成为一名优秀的新闻工作者，能做到通古晓今最好，严丝合缝的逻辑推理能力更是不可或缺。而能力的培养在于有意识地学习跨学科的知识，勤动脑勤思考，形成跨学科多角度的思维能力，在积累到一定深度时创新的火花自然会砰然而出。

袁端端： 新闻学几乎涉及所有专业，而记者们真正在从业中遇到的新问题也是层出不穷，即使是某类专业记者，也无时无刻不在接受考验。学新闻七年，感触最深的是，尽量多看外专业的书，多学习别的专业的内容吧。平时不做功课，真正成记者时，再临时找资料，做分析，会越做越吃力，反倒不如外专业的人做得好。

乐淘淘de小非非： 嗯，优秀的新闻从业人员必须是兼具人文情怀和科学精神的专业人才！

13. 课程合理取舍

微博

范以锦V：要学得宽泛一些，需科学安排时间，课程的设置也要合理。这里有一个新闻课程的取舍问题，一般性的新闻技艺的传授尽可能放弃或删繁就简，填补有深度的课和非新闻类的人文、社科类课程。也要腾出空间让有兴趣的学生上好辅修课和听有意义的讲座，以及组织学生与业界交流。

互动

朱雪子-Natalie：我觉得，就像我们老师强调的，通识教育很重要。

Inum_阿拉蕾：哇，非常同意！

南海狮山记者：说得很对，做记者贵在有广阔的知识面。

丘克军：这与前面所说的通才有关。除了人文历史图书，像《南方人物周刊》、《三联生活周刊》、《看天下》、《经济学人》等杂志也要多读。

曹轲：可不可以说，纯学新闻的做不好新闻，非新闻的反而能做好新闻，或者说，功夫在诗外，新闻在别处?

凯-han： 很多学校的新闻专业课程设置很不合理！理论性的死记硬背或者条条框框的，对真正的新闻类学生没用的知识，老师一直反复讲，更不注重实践！

苟骅CEO：首先是社会学调查取代新闻采访课。

微波小咖：毕竟人的精力是有限的，所以课程的安排也应该合理，在合理取舍的情况下应该抓住主要矛盾，在重点的课程上下力气，学专学透。同时，可以结合自己的兴趣，学一些其他类的课程，这样不但可以弥补自己知识的空白，扩充知识面，同时还可以加深对专业的理解。

14. “术”要到家

微博

范以锦V：后劲问题既有“学”的缺失，也有“术”的不足。“术”不是一般技能，是创新意识和能力。“学”到位、“术”到家，才有后劲。要研究新闻文体变化，加强对新闻经典作品、人物报道、周年性特稿的解读。岁末开年，许多报刊都会推出全年传媒事件盘点，这也是一个学习的好机会。

互动

风筝的2012间隔年时光：通过媒体做的年度盘点，也可以看出媒体的实力。年度盘点什么的我觉得是最有味道的。不过，也喜欢看盘点前面的社论，觉得有力量，也有温度。

一翔的微博：@范以锦老师，请问在考研时，专业硕士与学术硕士我们要如何选择呢？本科学的是新闻学专业，大三。备考上各自的侧重点有什么区别呢？

范以锦：回复@一翔的微博：考上后，课程设置和培养方式有差异。考试的基础知识和对问题的分析，不会有很大区别。专硕会更务“实”一些。暨大新闻与传播学院专业硕士实行学界、业界双导师制，并确保每星期至少有半天由业界老师授课。

Raincatcher：范老师，有个问题请务必解答，30岁的人转行做纸媒记者还有前途吗？之前是电视编导。

范以锦：回复@Raincatcher：大学本科22岁、硕士生25岁左右就进入媒体当记者，许多人两三年就脱颖而出。30岁才进入，要加倍努力。当然还要看你原有工作的积累与做媒体是否有密切关系，基础好且充满当记者的激情，这一年龄不是问题。

丘克军：后劲问题与被赶超问题是值得思考的。作为中国商业报纸领导者的21世纪经济报道的“道”与“术”是别人学不到位和难以赶超的，只会被山寨和模仿，因为你永远不知道思想者走得有多远，不只是五十步与百步的关系。

微波小咖：后劲不足就是前期基础没有打扎实的后果，既包括理论学习不到位，也包括实践未能掌握好技能，所以才会出现“高不成低不就”、似是而非的尴尬局面。新闻学子预防后劲不足，需重新回到原点，夯实理论基础，尤其是要对一些经典作品进行深入透彻的品析，将精华运用到实际写作中，为今后发展带来持久动力。

秀-珠-儿：我是中山大学南方学院的学生，听过老师的讲座，把老师的见解收藏下来，不时地翻看，提醒自己，相信在新闻学的路上，有老师们的提点，会进步的。

15. 近水楼台用好资源

微博

范以锦V：有的新闻院校先安排低年级进行他科训练，有了较宽厚知识储备后才进行新闻专业训练；有的先学新闻再根据自己兴趣插到其他学科学习。有专业特色的大学办的新闻院系可“近水楼台”用好资源，比如财经大学的新闻院系，辅修财经专业有优势，当然还要与学生的兴趣结合起来考虑。

互动

愚是乎：新闻是高考所有院校的高分专业，却不是职业发展最好的，现在媒体单位还是喜欢专业生，何不以后划分财经新闻、民生新闻、法律新闻甚至娱乐体育新闻等专业方向呢？这样即使不从事新闻行业，也在一个门类有了较为专业的发展。

博哥royalwhu：中南财经政法大学的财经新闻、法制新闻办得不错，学生在业界有不小影响。

陈露菡：范导的愿景很美好。可是貌似我们天津财大广电的孩子没有几个愿意搞新闻的，感觉财经院校的非经管专业都很边缘化。

博哥royalwhu：回复@陈露菡：确实有此问题。财经专业的出路诱惑太大了。

范以锦：回复@陈露菡：学新闻却不愿做新闻的越来越多；想做新闻却进不了新闻行业的越来越多；学了新闻转做其他工作做得不错的也越来越多——何因？大家探讨一下。

梦想家侯又华：除了自己定位不清之外，围墙里的人也常常向往外面的世界，墙里的人想出去，墙外的人想进来。

围脖里的火山石：许多学新闻的眼高手低是重要原因。

戴翔宇：新闻专业人才，其发展延伸空间非常大，如果能深入长期做，更有高度和深度。

丘克军： 新闻是学来的还是做来的?

企鹅看飞机还是小姜：真正的新闻理想不是我们的教育中能学出来的。

Shany-Sunday爱执信：很多学生在不了解专业具体方向的情

况下选择了新闻专业，随大流进入新闻业，碌碌无为，有新闻梦的新人可能没有机会学专业知识，最终放弃梦想，何苦?

张轲尧：我觉得体育学院在进行体育新闻专业教育时应该注重学生的体育素养方面的培养。

范以锦：回复@张轲尧：体育学院办的新闻专业当然要利用学科背景的优势，训练学生的体育素养，学生毕业后也可争取当体育记者。问题是体育记者的比例毕竟有限，新闻的通识教育是最基础的，要培育成在体育报道方面有优势，但也能报道其他新闻的通用记者。

微波小咖：在一些有专业特色的大学里，新闻学子常因专业实力不强而感叹“边缘化”。其实不应妄自菲薄，涉猎不同学科对新闻专业学习有潜移默化的作用，无论是学院还是学生都应该充分利用本校的特色资源，在抓好基础新闻通识教育前提下，鼓励跨学科学习学校优势专业，这样便能变被动为主动，掌握核心竞争力。

16. 提倡两专多能

微博

范以锦V：在学习中，学生应思考可能达到的目标。虽然想多掌握本领，但精力是有限的，不可能都专得下去。根据自己兴趣和对社会人才需求的判断，有些知识可蜻蜓点水般地了解，拓宽能力，有的则要专下去，再专攻一门学科，提升专业能力。真正专下去的不能太多，目标太高达不到。提倡两专多能。

互动

徐昶斌：范老师讲得太对了！应该切记：每个人的时间、精力一定是有限的，人一辈子不可能穷尽所有知识、掌握所有技能，成为一个全才，所以一定得“有所专攻”！这个时候，做好自己的规划显得尤为重要！

南天遁叟：范院长，请问已就业的新闻学专业学生，如何选

择正确的职场规划？是否应该考虑考硕、考博？什么时候考会好点？

范以锦：回复@南天遁叟：要从每个人从事的工作及自身的实际出发，比如有的人自学能力很强，又非工作所需，就不一定再去读硕、读博，有的是从事研究工作的，读硕、读博可能就需要了，有些人从事与媒体相关的工作，本科学的不是新闻，可读硕进行比较系统的新闻学教育。

形而上的李红：同意范老意见，年轻要摒弃浮躁才能有所成就！

蔡妮娜Nina：正如太阳底下的纸张不会自燃，而用放大镜将光线聚集在一点上，纸张便很快燃烧起来，这便是“专”的作用。很多时候我们想要的东西太多，如果不能将自己的精力集中在一个工作领域或一个专业方向上，便很难取得成就。毕竟人生是短暂的，人的精力是有限的。

丘克军：两专多能是对学生将从事的职业的要求。像《21世纪经济报道》是大财经与商业类别，但金融记者就要求有金融背景，否则写出来的报道很不专业。

罐罐里的虫虫：我的第二专业目标是法律或是经济，加油喽。多能？再思考一下……

微波小咖：需要学习的知识太多，厚此难免薄彼，丢了西瓜捡了芝麻的情况更是比比皆是。如何抉择？有取有舍，有进有退，才能成功。给自己设立一个目标，并合理规划知识结构，把握学习重心。在专攻本专业或感兴趣学科方向的同时不忘横向拓宽。协调“两专”、“多能”，不同的学习阶段应有不同侧重。

17. 传媒教育应分层次

微博

范以锦V：传媒教育应分层次，不同学校的资源和层次不一样，学生所追求的也不应整齐划一。比如，对研究生的培养，有的更重理论、学术，有的侧重技能型人才，更多的是兼而有之。各类机构需要具有媒介素养的人才，而机构之间层次不同，各类学校正好对应不同需求，引导学生学习的走向。

互动

louder0000：院长，暨大的呢？

范以锦：回复@louder0000：暨大新闻与传播学院本科生培养应是技能型的，研究生学术研究与技能都不能忽视。考虑到研究生毕业后从事研究的毕竟是少数，培养目标依然侧重技能型。强化学术研究能力，对技能的提升、发挥亦有帮助，因此两者应兼而有之。

黄丹露-CYU：是不是应该把新闻学细化一下，分得更细一点？新闻学分不同方向来招生？

龙当归：强烈同意院长这一观点，因材施教才是教育的目标，老师不是技工，学生不是原材料，学校不是加工厂。

微波小咖：所谓因材施教正是这个道理，针对不同的学生、不同的受教群体培养计划应该各有侧重。制订与之相适应的培养计划，这样才能更有利于学生的发展，同时也能培养出具备各类专长的人才。对于侧重应用型的新闻学研究生而言，不应局限于采写等程序性工作，而应培养和创新新闻理念，提升做内容的创新能力。

叶子：各类机构需要具有媒介素养的人才，而机构之间层次不同，各类学校正好对应不同需求，引导学生学习的走向。

张聪聪：兴趣第一。

18. 高层次院校应加重学术分量

微博

范以锦V：大学已从精英教育走向大众教育，但依然要培养一批高层次研究型人才。新闻院校、研究所、高层次学术期刊、舆情分析和战略研究机构，以及高层次媒体重大报道策划，都需要高层次的研究型人才。像人大、复旦这样根基深、科研气氛浓厚的新闻学院学生，理应加重学术研究分量。

互动

迪力谜：一群新闻民工每天奔袭在路上，能不能让他们走得慢些或停会儿，到复旦、人大也学术学术下?

1912拾壹贰：身为新闻学院的学生都应该有意识地提高理论素养。

超越时光超越梦：新闻学院毕业生要具备起码的学术素养，

尤其是新闻学院的研究生。媒体对新闻或传播专业的毕业生的要求已不仅仅局限于发现新闻、采写新闻等程序性工作，而是要善于宏观把握新闻事实、提炼观点、精于策划，在网络信息海量呈现的今天，平面媒体对职业新闻人的要求尤为如此。

形而上的李红：学术可以训练和启发思维，学术可让新闻业努力成为社会的良心，学术可以娱乐自己……思考让人快乐！

微波小咖：从现实需求的角度而言，高校、智囊机构、研究机构等都需要从事理论研究或在相关领域有深入研究的高层次研究型人才；从人才培养方面来说，各种人才都不可或缺，既要有实践型的新闻工作者，又要有学术型的研究人员，这样才能构成完整的人才链条，不至于在哪个环节上脱节。

19. 实操训练绝非降至技工培训水平

微博

范以锦V：层次较低的新闻院校由于资源等天生性缺陷，学生会侧重实操训练，但绝非低水平训练。曾听一位企业老总说，想招一位传媒毕业生，要会做内刊、懂得摄影摄像和办内部网站，即“一专多能”。这类实用型人才的“一专”应体现媒体人的底蕴，“多能”不能降低到职业培训的水平上。

互动

我不是林宏贤：赞成。媒体人的素质培养很重要，不能变成媒体技工。

20出头的年纪：回复@我不是林宏贤：因此，新闻科班出身的我，决定去考研！

20出头的年纪：希望社会给我们多点学习的空间、就业的空

间。不能一蹴而就吧!

我不是林宏贤：回复@20出头的年纪：自我定位很重要。

石河子大学熊建军：我们就属于这低水平的，对怎么培养孩子们很是烦恼。

郑支良：高不成，低不就，结果是既没有深厚思想底蕴也没有熟练精湛的技术。

KainChen：在新媒体日渐盛行的今日，相信对这种“一专多能”的记者的需要将是大势所趋，日益紧迫。

咦戲：老师，一个读计算机的学生如何较好地胜任记者工作?

范以锦：回复@咦戲：计算机知识对做新闻是有用的，如果你有较好的文字基础，又有做新闻的志向、兴趣和激情，也可以当记者。

咦戲：回复@范以锦：那如何夯实文字基础呢?

司歌服饰总经理：回复@咦戲：据己所长，成为IT业界的耳朵、眼睛、嘴巴。起码比中文系的懂IT嘛!

迅佬：范院长所言极是。新闻从业者的经历和经验大多都是“实操”、“积累”所得，也是受益终生的宝贵财富，并且激情和勤奋缺一不可！

黄亦民： 激情，勤奋，动脑，坚持。

超级小攀同学： 联想到网上一段子：今年传媒大学播音主持专业有8200位同学报考，但只收100个，千军万马过独木桥，可是依然门庭若市。很多播音的孩子忘了媒体人的底蕴，只想靠声音吃饭，这应该属于“一能无专”，倒是建议这些孩子报咱广电专业。

微波小咖： 能成为这样“一专多能”的人才也实属不易，但应该是我们学习的目标。在课堂上，从理念层面的新闻职业价值教育到具体技能层面的编辑、摄影、办报刊、办网站的知识，我们都能学到。能不能掌握得好，能学到几成，直接决定着我们未来新闻路的走势。

跌倒了的小虫虫： 确实是啊，出来以后感觉要学的东西还多着呢。

木苞： 侧重实际操练，但绝非降低水平训练，和我们学校一样！数字媒体也是一新兴的专业，不可置否，我们也得向“一专多能”发展！

水妖： 这“一专多能”起码跨了俩专业吧……

20. 听课要兼顾三种类型

微博

范以锦V：教师从学校培养或业界引进，往往形成三类群体：通晓“学”；通晓“术”；“学”和“术”都通晓。前两类指的是侧重点，晓“学”的也不能无“术”，晓“术”的也不能无“学”。当然，最好“学”和“术”都通晓，但目前还无法达到，学生在选择课程老师时要兼顾这三类群体。

互动

梦想家孔亮：“术”易得，“道”难悟。

南方在：“学”与“术”兼通，这点很重要也很难。理科与工科不同，裁判员与运动员不同，文学评论与创作不同，方舟子与韩寒不同。

walkover：目前看来，晓“术”的有编制教师奇少，他们几乎进不了大学的门——新进教师必须具备博士学历，哪怕是体育老师。硕士都只能当教学辅助人员（以北京为例）。

微波小咖：每个老师都有其专长，在教学上各有侧重，所以学生在择师择课上更要针对自己的弱项有所侧重。通过跟随不同的老师学习，吸收老师思想的精华，用老师的长处来弥补自身的不足，尤其是将通晓“学”与通晓“术”的老师的精华互补，将学到的东西为我所用，那么对自己的学习就更能起到如虎添翼的效果了。

21. 拜业界老师为师

微博

范以锦V：拜业界老师为师，是学生学习的途径之一。业界老师传经布道，是给学生传授日后工作用得上的本领，但作为学生不能停留在技术的操作上，更为重要的是要深刻领悟新闻理念、思维方式，还要通过业界老师的授课和指导，明白自己还缺什么、要抓紧学习什么，从而点燃学习的热情。

互动

简单生活-曹静：理论固然是实践的基础，但当真正实践了以后会发现有时候理论与实践是脱节的，所以跟业界老师学习就成了至关重要的检验理论的方法，同时也能借此机会好好提高自己，深刻领悟新闻理念、思维方式，从实践中发现自己的不足，并及时改进。

跌倒了的小虫虫：嗯，这个很重要。

微波小咖：无论是学界老师还是业界老师，都应该成为我们的良师益友，我们要向老师学习本领，学习知识，以弥补我们自身的不足。在这个过程中，我们更应该勤思考，多领悟，对自己欠缺的东西要抓紧时间弥补，并且要养成良好的思维方式，跟上老师的步骤，在设定合理的学习目标和计划的基础上激发学习的热情。

李文超：范院长的意思是让我们迅速自我定位。

22. 学的知识真的用不上吗?

微博

范以锦V：常听新闻专业毕业的记者说，学校学的那些知识都用不上。不排除新闻教育与实践存在脱节的问题，但也有可能是认识上存在一些误区。尽管新闻是一门应用性很强的学科，但并不意味着要将知识直接套入实践，一旦不能直接套入，就认为学来没有用。

互动

沉默的酸奶：不仅新闻，好像其他专业都存在这种情况。

Exodus猫鼠一窝：不是没用，是没有领悟到那些知识的内涵。

安小竹-：理论学扎实还是有用的，刚刚工作的人感觉不到的原因可能是先要变成个熟练工。

ingxiaofeifei：我现在在一个电视栏目工作，深感理论的缺乏，又重新捧起曾经的教材，以联系实际的思维方式重新去阅读。正在阅读《电视节目策划与编导》（张静民著）。

栾星：很多学生的问题是：一不知道如何把学到的知识与工作结合，二想不起来用学过的知识。

秋秋Vickie：那怎么有用法？

昌仔ALEX：不能急功近利，就像我们看的很多书，虽然觉得没有太大的实际意义，但它会无形之中在头脑里沉淀、升华，逐渐塑造一个人的气质，并在以后的为人处世中慢慢体现出来，或者无意识地表露出来。

东方静之：所以学生最重要的是学习能力。

木鱼和书：如果新闻并没有构建出真正具有专业性的理论，那么理论联系实践又从何谈起？

跌倒了的小虫虫：同意范老的见解，我在学校读的是新闻学，从事网编的实习，就感觉新闻的基础很重要，同时新闻素养也会体现在工作中，比如带我的师姐让我做专题的选题，这个直接受益于上的新闻报道策划这门课。

微波小咖：也许很多人都有这样的经历：刚毕业的同学会跟

你讲“书本上学的东西都用不上”，而工作几年的前辈会讲：“很有用的知识没认真学，后悔！”书到用时方恨少！真正值得我们思考的应该是，如何将学到的知识与实践相结合，学以致用。不要轻易质疑现在学校里学到的知识，这些都是今后工作宝贵的财富。

房子里的鱼喵：大学四年不可能学完一辈子的知识，但却是很好的打专业基础的阶段，也是衔接过渡单纯的中学时代与复杂的社会务工阶段的桥梁。如果时间可以倒退，我宁愿大学四年少逃些课，多读几本书。

袁端端：对。我们不应以“实用”作为检验的标杆。学习本就是一件贯穿终身的事，学校更多的是给我们提供见识程度的加深和知识结构的完善，更多的是“道”，而非“术”。我很感激多年来在学校里的积累，也相信，这些知识早已潜移默化地起了作用。

刘倩：老师，我认为实践是一轨，理论知识是另一轨，要做好新闻必是双轨并行，重实践不教育会后劲不足，但只重教育而轻实践就会与实际脱节。

23. 知识需要厚积薄发

微博

范以锦V：已经在运用知识，有时却感觉不到。新闻理论的掌握、各方面知识的积累与解决实际问题有一个时间的落差，对新闻实践的指导有一个超越时空的逐步发挥的过程。尤其是那些看不见、摸不着的新闻价值观，更是长期在起作用。知识需要厚积薄发，积累丰厚，就不会很快挥发掉。

互动

WilliamsNK：厚积薄发，不要急躁。

苏岩-Yanni：第一，通过实习发现，“新闻理论”是一种立体化概念：在新闻媒体实习有其不同于其他企业事业单位之处，人际关系的建立、非业务类事务的处理甚至都有新闻的影子，而具体业务操作更是对新闻理论的直接激活；第二，“厚积薄发”的前提是“厚积”，但“积”与“发”可以有时间上的交集，是

谓“边学边用”。

晨报老兵：我曾经带过一届新闻班，总的体会是学生的语文基础、文学修养和新闻敏感最重要，其他的知识包括社会知识、新闻传播技能，都可以让学生在学习与实践的过程中不断补充和提高。

微波小咖：某些价值和思想往往会通过一定形式内化为一种潜意识，支配着我们的行动，这的确很难察觉到。当一类技能被熟练掌握成为下意识的行为时，当事人也会后知后觉。这种效果是需要长时间积累和大量规范的练习才能达到的。只有坚持不懈地积累，知识才能在实践中得到灵活运用，达到收放自如的效果。

24. 不能成为标准答案的被动接收者

微博

范以锦V：检测学习成果不能过分追求标准答案。那种“定义”、“名词解释”固然有标准答案，但死背这些没意义。检测学习成果更多的是递交有创新思维的答案或有创意的作品。每个人的创意是不同的，因此不应该有统一的标准答案。如果训练成标准答案的被动接收者，新闻敏感就会被湮没。

互动

郭全中：世上很多事本就没有标准答案，呵呵！

姑娘小七：可高校教师测试的时候一般按标准答案改！

范以锦：回复@姑娘小七：所以，得改！

七七默北：一方面，教师按标准答案改；另一方面学生本身如果不是相当自信也是没勇气不照搬的。不过，会慢慢尝试自己创新，新闻敏感更多的是用自己的东西去发现，培养也在自己。

小坦克和小肉丝：我觉得反正就是要有自己的独特看法。

STU燕子：老师们敢践行就好了。

袁端端：赞同！对于新闻学生或者是大文科类学生来说，标准答案和名词解释是扼杀一切灵感的杀手。新闻学固然有本身的逻辑和规律，但好报道无论是从选题还是稿件来看，都凝结着作者个人的创新和灵气，撼动人心的往往是独特的细节。有时标准答案往往是最失败的答案。

Arykii：那么，考研考博的改卷对创新思维的答案会格外开恩吗，即使不太符合传统标准的答案?

范以锦：回复@Arykii：理应这样。不应强求与改卷老师的观点一致。

微波小咖：从小到大，在我们“考试”的这本字典里，从来都只有“标准答案”这个词，这个词扼杀了我们多少有创意的思想火花！花大量时间应付“标准答案”，而没有了思考空间，忽视了创新的意义，能开拓创新的少之又少，久而久之，灵感的突发就微乎其微。没有了敏感的新闻，那么新闻的存在还有什么意义呢?

Free浩子：新闻的格式化，能够做到合格，想优秀，就得有点个性。

曹轲：创新创意，没有标准答案。其实，优秀的记者，也没有标准版本。

25. 有些技艺在实践中见效快

微博

范以锦V：有些知识的掌握，在实践中边干边学比单纯学理论来得快。比如，教学生怎么当编辑，编好一个版，从技艺来说，讲得再多，还不如实际操作一下易上手。版编得好不好还与新闻理念、敏锐度、视角有关，而这些也不是背诵出来的。将编好的版与优良报纸的版对照分析一下，收获会更大。

互动

Chelly喵喵：对啊，最近看一些求职节目，发现虽然很多求职者学历很低，但他们的实践经验都很丰富，而有着丰富的实践经验往往很受欢迎，这些通常又是我们这些应届毕业生很匮乏的。对于范老师提出的“学”与“术”的结合理念特别欣赏。

七七默北：理论与实践结合，一直被认为最佳，但真做到位的很少。

微波小咖：理论知识看懂了、记住了，就认为是学会了、掌握了，一到应用时却毫无头绪了，问题就在于没有亲手去练。多练既能加深理解、巩固知识，又能开拓思路，迸发创意。“练”的方式有很多种：可向传媒投稿，以自媒体人的身份与网民交流，也可参与校内办报。训练的机会很多，关键是我们能否脚踏实地去多学多练。

carmenchan0818：不耻下问，敢于上问，不卑不亢。

袁端端：一位美国新闻编辑曾这样说，要想真正掌握，必须“apply（应用），apply，apply”。本科时上过编辑课程，但完全摸不着头脑。对版面开始有意识，源于在校报的编辑工作，全靠自己摸索。之后在南方周末实习，经过每周一次的操练和报社老师们的指导，才真正入门。但除实践之外，提升的最佳法则，则是学习国际大报的操作风范。

曹轲：把式靠练，背不来。

江艺平：老范好。您的新闻茶座比那些冗长枯燥的讲义精彩十分！作为老部下，我也感到受用。

聂文斌2142：现在之所以新闻越多，反而让人感到幸福感越低，原因是当今人们的信仰出现了危机，信仰危机将直接导致人生的定位不确定，进一步影响个人的追求目标和努力方向，也直接影响到人们的日常生活和习惯。当人们徘徊于坚持与放弃时，则会痛苦不堪。因此，我们对各种各样的信息新闻，一定要有最基本的甄别能力。

26. 适度网聊，多读经典

微博

范以锦V：上网获取知识方便、快捷，也有新鲜感，因此学生总爱上网。但有的学生曾对我说，未读完古代四大名著，对反映社会现实的著作也不太关注。如果只是将大量时间用在广泛搜寻碎片化的信息和网聊上，而不去阅读经典著作，知识就会显得浅薄，缺乏历史厚重感，而无法适应复杂的媒体工作。

互动

白靖利：同意范老师，目前来看，微博越来越影响我们的思考意愿和能力，很难沉下心来想问题做事情啊。

雪碧之夜：同意！大学最少要读一套丛书，就当锻炼伏案的体力也是好的。

林力博：网要上，书要读。

邵芳卿：同感。要看书，要读经典，如果让年轻的生命被网络肢解得支离破碎，悔之晚矣！

南方在：碎片化的快阅读、浅阅读、轻阅读，实乃专业从业者之大忌。缺乏厚重，缺乏全局，缺乏系统，不要说写得深刻真实，就是把几百字的消息的事儿说明白都困难。

小明A大鸣：@许小年：#少读微博#微博助长了学习和交流中的快餐倾向。读了几段微博，再无看书的耐性，以为无所不知，指手画脚，大言不惭起来。另一问题是遇有不合意者，尚未了解对方所言何物，便张口骂去。只看观点而不问逻辑，咒骂泄愤而无思辨与批判，如此，微博还是少读为妙。

中国网络传播学会：读书能让你静下心来系统地了解一个人或者一个学说的思维方式，让你在一个安静的环境中与智慧交流，让你领略思维的魅力。

GM韩林烽：网络时代收集信息的时间远远大于阅读和解读的时间。出来工作后很少安静地、系统地看书，不要说一个合格的新闻人，就连一个基本的社会人对读书的要求都没有达到，值得反思。

海迪彻2012：嗯，同感！现在的人心都比较浮躁，能简单的绝不复杂，吃着网络快餐，方便也省时间，但是吃多了胃受不了，长此以往，不利于健康。提醒自己多一些时间静下心来看书吧！

行走声色：点醒了我。

drummania：作为中国第一代上网人（1995年开始上网），我十分同意。

麦尚文：确实是，尼古拉斯·卡尔在《浅薄》（《The Shallows》）这本书里批判了互联网对大脑思维的“毒害”——分散我们的注意力，使我们变得更加“浅薄”。不但学生，大概我们大家都如此了。

常河山：回复@麦尚文：这样的问题正在加剧。

東瑩_：范老师，您好！我是大一的一名校园记者。我知道媒体人必须博览群书，这样报道才不致偏颇。然而，一旦我选择了校园媒体实践，花在阅读上的时间必然会少很多。我难以把握，现阶段，特别是大一大二，对于有志于新闻事业的人来说，到底是参加社团实务工作重要还是阅读积累重要？您能给我一些建议吗？

范以锦：回复@東瑩_：建议大一大二要多读书，参加实践、了解社会也是为了更有针对性地读好书。

東瑩_：回复@范以锦：嗯，谢谢您的点拨。我会努力找到平衡点的。

本小姐很不忿儿：回复@東瑩_：新华社朱玉老师都忙成那样了，还每天都坚持读书呢！怎么妹子你大一校园记者就扛不住了？

東瑩_：回复@本小姐很不忿儿：哈哈，受教了。我只是想，本科前两年需不需要专心沉潜，心无旁骛。

本小姐很不忿儿：回复@東瑩_：加油！

海帆999：大一大二多充实自己，围绕自己的学业多做一些有益的事情，不要让无聊与空虚占据全部。

林小木爱照相：我对现在的碎片感深有体会。翻译些东西，短平快，里面当然不当的地方很多，但我的读者也是短平快。慢下来读写一本书，你说能吃上口饭吗？

手机用户2451756501：我也要努力学习了，规划未来。

微波小咖：网络上获取的内容许多是零散的，是对表层信息的浅显反应，没有经过理论的沉淀，所以在获取这些信息的同时，我们的思想浅显化了，丧失了自己的思考空间，长久下去我们只会成为接收信息的机器。这就需要我们继续沉到书里面去，去阅读，去思考，只有这样我们获取的知识才会变得更深刻。

张文齐：嗯，虽然现在看似快节奏的生活学习工作让我们每个人都很难抽出时间看“闲书”，可是这些却又必不可少，厚积薄发或许就是这个道理。

海棠依旧：在历史的基础上萌发新思想是一种循序渐进的成长，与此同时，超越现实的见地也不失为一种好题材啊。

李秋婷：看完这段文字，觉得自己现在学的新闻专业，很多人都以为是要快速获取大量的信息，而忽略了经典知识的沉淀。我觉得，这样的大学，思想终究流于肤浅。

27. “老杨读报”的启示

微博

范以锦V：香港凤凰卫视原著名节目主持人杨锦麟先生曾拿朋友的打油诗开涮自己：“老杨读报，吓人一跳，国语不准，英文走调，体形太胖，样子太老。”但他的《有报天天读》却那么惹人喜爱，《走读大中华》也好评如潮。靠内涵取胜。他读了许多历史书籍，能站在历史的高度点评现实。

互动

tannyzi：杨老师是学历史的。

能能尚：内涵的厚重让他站在高处，看得更远。以内涵取胜，此乃常胜将军。

未透露：哈哈，水平越高越豁达。

谷良的园地：新闻的本质应当直指人心，关爱人性。范老和杨锦麟如出一辙，惺惺相惜。

程向心Rina：要多读史书，写东西才能有历史厚重感。向前辈学习啊。

微波小咖：内心的强大远比外表的光鲜更耐人寻味，节目主持人真正的成功在于内在修养。知识底蕴的散发，使人不得不被其高深的智慧和睿智的语言所折服，不能不对其深厚的文化修养产生景仰之情。内涵从何而来？一条重要的途径就是读书！人只有拥有足够的知识储备，其自身的人格魅力才会从内而外地散发，感染身边的每一个人。

张坤：靠内涵取胜，质为王。

龙行天下：不能只靠内涵取胜，还要有对待事件铁面无私的态度。

江艺平：范式幽默和杨式幽默。他们身上都有多年传媒生涯积淀的智慧。大智若愚！

丝竹浣尔：有内涵，不失真，重责任。

妮可：锦麟先生的确满腹诗书，博古通今。中式内涵底蕴，海派思想作风，先生均吸其精髓。他主持的节目走平民路线，以学者的视角、人文的情怀，关注最广层面的普通人生。看悲，有悲悯；看欢，也有几许欢欣。但学识和见识、资历和经历，看得出来先生是悟透了。人类社会从来如此，不以物喜，不以己悲。历史不是高度，是过往。

胜利：@杨锦麟老师谈起两岸三地的典故可谓俯仰古今，滔滔不绝！

石头狂：尊敬别人也是尊敬自己。

冷若雨：杨老师有学问，有良知，有热血。

如墨轻蘸：一直喜欢看杨锦麟先生的节目，别看胖，肚子里有真货！

28. 实践之后，书读起来更有滋味

微博

范以锦V：今天碰到一位在南方都市报见习的二年级本科生，他从武汉过来。我问他，会影响正常学习吗？他说，不会，低年级利用寒暑假，大三下半年至大四上半年期间再系统见习半年。他读书广泛，包括文学、经济、法律及有关媒体前沿的书籍。他说，有了见习实践，书读起来更有滋味。

互动

Dongdong海明儿：相比之下，我也是大二了，从实际层面来讲，自叹不如啊！一来读书甚少，知识面窄，见识也少；二来实践机会也少，主动性不强；三来觉悟较高，但是动手少。嗯！以后多主动，用社会体验和观察来弥补！

清欢有甜味：真是这样，很多书没体验读起来就像天书，还是要有生活历练，读起来才能理解透彻，知道自己该选择哪方面来吸收。

WilliamsNK：有了实践才知道自己该读什么书，该怎样读。

微波小咖：“会”见习也是个本事。有的同学常因颠倒主次，无法平衡学习和见习而顾此失彼，有的则是缺乏规划，无法合理安排见习时间。这位本科生的例子值得我们参考借鉴。求学阶段，见习实践是为了更有效地读书学习，学习到的知识经过见习才会掌握得更牢固。

29. 教学相长应成风气

微博

范以锦V：学生听课要勤思考、多提问，甚至可以质疑老师的看法。许多老师不是怕学生乱提问，而是担心不提问或问题太浅显。学生情绪高昂，讨论气氛浓厚，对老师的教学是一个肯定。而且通过提问，老师也明白难点在哪里，甚至可以从学生提问和讨论中增长见识。教学相长，应提倡。

互动

邻家女孩春婷：学贵善疑！

橘耀Ai：嗯，以后上课应该多思考，多提问。可是我觉得我懂得的专业知识还是太少了，提不出什么有深度的问题。这样看来，还是学生的问题。

Chelly__：原来老师是这样想的。记得有室友谈起，说有疑问不想问老师就直接上百度了，看来我要转给她看看。

南方在： 提倡提问。

郭全中： 范社长欢迎南方在提问，呵呵！

郭全中： @南方在：对呀，领导是一时，老师是一生。

孙荣凯_Sam： 还是脸皮厚点、勤问点的好。闻道有先后，术业有专攻。

微波小咖： 说到提问，古时还有“下问”学识不如自己的人而“不耻”的美德，更别提如今向学问远高于自己的老师提问了！有的同学担心提问肤浅而畏惧提问，更多的则是因缺乏思考而不知提问。其实浅显幼稚也无妨，关键在于通过思考来带动提问，借提问来加深思考。能做到勤思考，提问也会变得有的放矢。

世笑瑾： 应该说大部分中国的孩子都有着提不出好问题的困扰。提出有实质意义的问题，是建立在深厚的知识储备和科学的知识框架之上。要提出好问题，首先要学，而后是思，再来才是提问。同时，在教与学的互动中，两者也都可以从彼此身上找到有亮点的问题。

袁端端： “提问是记者的天职”，这几乎是所有教科书和新闻实践中关于采访的圣经般的概述，而新闻学生的这种能力不妨就从课堂上习得。如果连上课时都不敢提问或者没问题可提，那么又怎能在纷繁复杂的事件中找出清晰的思路呢？我们都应该记得，“蠢问题只有一个，那就是你没问的那个”。

何亚非：学、问结合。

唐士军：善师育良徒，流氓携恶棍。

叶筱：课堂气氛真的很重要。我是高中生，可我们班主任经常不高兴，让我们感觉整节课都很害怕，好向往他不生气的时候啊！

冷若雨：现在的学生会考倒不读书不思考的老师的。

敬萍：学东西要能自己去想为什么会这样，并且有自己的分析，这样会好些，单纯的听懂不一定会有用哦。

石志东：不耻下问是好作风，不但长见识，也能练胆量。

五月的雨：这才是先进的教学理念！我们许多教师在教学中往往给学生设套，生怕学生超出了自己设定的教学计划，特别在一些教研课、研讨课中，一环套一环，何谈教学相长！

30. 持续学习能力有多强，职业生涯就能走多远

微博

范以锦V：新闻学科是与时俱进的学科，是动态的，不是静态的。特别是在经济全球化和融媒时代，不断出现新情况、新问题，媒体技术替换周期越来越短。与传媒相关的许多知识，也日新月异。只有不断学习充电，才能持续释放能量，步履坚实。持续学习能力有多强，人生职业生涯就能走多远。

互动

飞燕衔萍：是啊，感觉成天有不懂的东西。

栾春晖：深有体会，以往是由于新闻突发性而备感不定性的无形压力，而今面临新媒介发展所引发的影响日新月异，有随时被革新掉的压力和紧迫感，压力真大。

袁端端：嗯，所以感觉媒体人思维都很活跃，灵气十足，学习能力也强。老师就是最好的榜样啦！

微波小咖：在这样一个日新月异的时代，不学习只会被时代所淘汰，所谓活到老，学到老，新闻传媒的发展更是如此，如果不及时地更新自身的知识储备，不掌握新的媒体技术，被时代遗忘是迟早的事。作为一个现代媒体工作者，应该养成持久学习的良好习惯，只有踏踏实实地走好每一步，以后的路才会走得顺畅。

Y线支书-冯韶文：支持院长，现在的记者太需要技术普及了。

---

snow：“持续学习能力有多强，人生职业生涯就能走多远”也指出了目前教育改革与努力的方向。

第四系列　伦理篇

1. 友情与新闻伦理冲突怎么办？

微博

范以锦V：“采访对象绝非敌人，但不是朋友”，听业界记者说过这句话。他解释说，如果与采访单位过于密切，很难保持超然独立精神，不能公正报道。这是一种很高的境界，但事实上不容易做到，况且许多记者为了获取更多新闻线索，也要多交朋友。友情与新闻伦理冲突时怎么办，很考验人。

互动

让梦想飞一阵：分寸。

河北解放：不向杨也不能向着潘，不见得公正，但一定要客观。

西门爱宝V：跑线记者，五年换一条线。

广院加菲猫：是啊，确实常陷入此类困境。

GDTV邓思颖：没错，我想起今天在番禺某星字头楼盘采访，那个品牌部的哥哥真的很帅很温柔，真有和他约会吃饭的欲望……可尽管如此，他还是没让我进去事故现场拍摄……只能用事实说话……

愚是乎：朋友不是也分亲疏吗？采访对象如果不能把你当朋友（这种朋友往往基于可信的基础），获取有价值的新闻也非易事。面对选择总是免不了的，有句话“我可以不报，但我报出的一定是真话”可以成为面对考验时的选择标准。

平常心的淡定：记者与采访对象的关系必须若即若离，这是我的经验。

广东罗斌华：范老，但是作为一名被采访者，我也很害怕别人断章取义，曲解自己的原意，所以特喜欢与记者们保持适当的关系，以保证其新闻报道的真实性！

袁端端：这很考验记者维护中立和客观的能力。与采访对象交朋友并不是一件坏事，相反好的采访对象能教给记者很多有用的知识，但应时时提醒自己勿让感情过多涉入采访报道，保持清醒和公正。“社会责任论”应成为新闻界道德自律信条建立的理论基石。

传播学子：对于经常跑“正面新闻”的记者，相信这种压力不会太大，根据上面的指示走走过场就可以了。而对于那些跑关系人民切身利益的“消息”的记者，这样的考验或许会更多吧……

行走声色：不要违背原则，坚持职业道德就行了吧！

世笑瑾：记者这个职业既不能过于拔高，也不应妄自菲薄；记者对包括采访对象在内的新闻事件的报道更要像是一名中立的旁观者。合理准确地定位“采访”这种行为在新闻实操过程中是关键性的。

WilliamsNK：需要平衡吧。私交可以厚，但涉及工作上的事，特别是有关真实、客观的原则性的东西，还是要拎得清。

椰子狂想曲：我的原则是不和采访单位的领导做朋友，这样如果他们有什么麻烦的要求就不能直接找我。

陶之：非常实际的问题，需要产业链的共同努力。

佛山黄荣治：陷阱天成，在己。手中握笔，心怀仁厚。解铃还须系铃人。

榨菜的窝儿：新闻记者是社会进程的忠实记录者，因此要做好这份职业需要“脑筋能想，腿脚能奔走，耳能听，手能写”，要眼观四路，耳听八方。但是记者的知识是有一定局限的，需要通过结交其他领域的专业人才为朋友以扩充视野。权衡友情与新闻伦理需要记者的理性，不能因私而忘公。

LYL：君子之交与非君子之交了，所以说还是按规定来办事比较好，可惜有太多时候也许人情占比重更多。

山西青年报袁媛：要时刻清楚自己的立场！不和采访者交朋友也许拿不到自己想要的材料，但和采访者交往太深又会失去立场。现在很多深度采访都有这个问题。

2. 朋友可当，但不能成为新闻“情人”

微博

范以锦V：有些新闻人长期固定与某个领域打交道，交了不少朋友，有利也有弊。有的陷得太深，成为某些机构的代言人，不能独立履行记者的职责，这就超越了一般朋友关系。因此，当业界有人对我说“采访对象绝非敌人，但不是朋友”时，我说，朋友可以当，但不能成为百依百顺的新闻“情人”。

互动

晶晶在线快乐无限：貌似领导和下属的关系也同样适用。

陈荣省：我认为，媒体和采访对象既不是朋友，也不是情人，更不是敌人，而是一种合作关系，各取所需。和，则互动双赢；斗，则两头受损。

世笑瑾：记者和采访对象的关系绝不是非此即彼的，最多或最少是个记录者，是旁观者。

美爱生灵：非常贴切啊！新闻“情人”可以列入本年度热词中了。

曲向伟：君子之交淡如水，用在记者与他们的朋友之间更贴切，你是我的朋友，但我不是你的代言人。

佛山黄荣治：感慨！记者能做清流者少矣！

南方一飞：记者要多交朋友，但不能成为百依百顺的新闻“情人”。

Lotus_Yuen：@崔少明在《传媒新世纪》也曾讨论过这些问题。其实想想，记者有时候真的很“反人道”，长时间和sources（新闻源）待在一起却不能与其产生深感情，多么地难，唉！

榨菜的窝儿：诱惑无处不在，要出淤泥而不染，保持思想的独立性，坚守职业操守，保证新闻报道的客观中立，需要新闻记者修炼好内功。但是社会要提供给新闻从业人员良好的工作环境，保障新闻从业人员的工作权利，新闻单位要为记者排忧解难，这样记者才能做到“濯清涟而不妖”。

一辈子的孤单：要坚持自己的新闻立场。

3. 利益合作可以有，但伦理底线不能突破

微博

范以锦V：新闻单位常困扰于企业公关，一个要公关，一个要恪守新闻伦理，僵持中看谁被征服。由于各自的利益需求，媒企本来就有合作关系，冲突中会有妥协，但不能违背职业道德大原则。比如发生舆论危机时媒企可以进行正常沟通，但不是靠邪门歪道，企业诚信与媒体伦理底线都不能突破。

互动

洪门七兄_地产江湖：无论哪个年代，每位新闻媒体从业人员或许都应该记住美国某位总统讲过的那句名言：“媒体不是朋友，也不是敌人，是一种客观存在的力量……”

夏晓晖：沟通有助于接近事实真相和问题的解决，而公关的目的往往是掩盖真相！

睡醒头晕晕：很难兼得吧?!

伟震天下：“冲突中会有妥协”，最近的深刻体会，尤其是在采访强势集团时。

洪门七兄_地产江湖：夹缝之中求得生存，确实非易事，这也正是最考验智慧的地方。

钟育赣：“新闻单位常困扰于企业公关，一个要公关，一个要恪守新闻伦理”，感觉这里指的“公关”不是公关哦，最多也是要加上引号的公关。

范以锦：回复@钟育赣：你的理解是对的，正当的公关活动无可非议。非正当的活动，与新闻伦理就相冲突了。

钟育赣：回复@范以锦：课上常告知同学：现实中许多打着“公关”旗号的活动，其实并非公关；真正的公关，倒也未必都在使用“公关”之名。公关，也就是一种在自身行为良好（包括敢于改错）基础上的沟通，即俗称的“做好，还要告诉别人”。

南方一飞：同意范老的说法。朋友可以当，但不能当百依百顺的“情人”。

哀莫心死：这只是理想中的媒企关系，实际上现在不少媒体和企业沆瀣一气!

贺立立：在南方都市报时，听过范老一次课，深感受益匪浅。南方报业不是一天建成的，因为有这些有良心有远见的报人。

李萌： 这也是我们新闻学专业学生在上课时面临的问题，我们本应本着职业道德修养去做，可如今的社会却不是我们所想的那样。有时我都在想，处于这种状况，我到底该坚持还是随波逐流?

榨菜的窝儿：广告收入是新闻单位维系生存和发展的主要渠道，要获得广告的营业额需要与各类企业打好交道。面对某些具有较大影响力和广告额的大企业的负面新闻时，新闻从业人员依然要发挥好舆论监督的作用。一般性的负面新闻不登也罢了，但务必曝光的重大负面新闻决不能过滤掉。

4. 向“有偿”不“新闻”说不

微博

范以锦V：“封口费”事件，是“有偿”不“新闻”的典型案例，是对新闻伦理的严峻挑战。涉事人中有冒充记者的行骗者，但假记者折射出真记者的真问题，正因为新闻队伍存在这样的问题，使假记者有可乘之机。道德、良知、责任是基本素养，大学阶段就要培养，更难的是从业之后的坚守。

互动

新闻不发炎：范老师精准，假记者折射出真记者的真问题。

李追月：现在对这个问题很犹豫呀，到底是给好呢还是不给好？不给的话，不是硬新闻见报可能性就小些；给吧，又怕人说三道四。

光漾：本周三，本人生平第一次被采访对象塞红包，没敢

收，觉得良心过不去。毕竟是学校乱收费的问题。

Darlene_Yang：认同！新闻伦理在新闻学生的培养阶段也是至关重要的。在我对中美新闻学生的比较研究中，我发现了中国学生的犹豫不定。

世笑瑾：三百六十行各个行业都会有职业道德，既然是职业道德也就会有人严格恪守又会有人无耻违背。但是当我们身处学生阶段时，培养对行业伦理的信奉和对崇高职业道德的坚守对以后发展是很必要的，否则，真正踏入此行后这点信奉和坚守会慢慢随着岁月而消逝。

袁端端：《马太福音》说，只因不法的事增多，许多人的爱心则渐渐冷淡了。同样“封口费”事件多了，人们也不再信任媒体。“有偿不闻”和“有偿新闻”本质一样，都是一种权钱交易，将严重践踏新闻伦理和报纸公信力。当新闻有偿，代价便是公正道德不存。可惜大学时有上“新闻法规”课，却无“新闻道德”课，建议学校增开。

榨菜的窝儿：大学阶段新闻课程的设置要理论与实践良好结合，开设关于新闻职业道德修养的课程能提升新闻记者的媒介素养。但是面对现实环境，要纯净记者队伍，抵制“封口费”还有一定阻力。某企业的污染事故，其媒介公关费高达6万元，有媒体难抵其诱惑。消除这一现象，需要行业自律和他律。

丝竹浣尔：要坚守一份责任，一言一行都要对得起受众，对得起自己，不能让大染缸把心染色了，因为这可以救人也可以害人！

苟骅CEO：在中国，假记者问题的实质是如何定义真记者。

欧阳鲁娟：关键是记者证发放太滥，有些人先在广告部混一下，摇身一变，就是记者。而学历与新闻写作能力，总放在其次！

聚焦山西：什么是真，什么是假？这不是媒介自身管理问题，是媒体行业发展制度问题导致的。

范以锦：我这里说的假记者不是指有无持证的问题，是指完全冒充记者去行骗的。

苟骅CEO：只要真记者都坚守向“有偿”不“新闻”说不，收“封口费”的假记者便原形毕露。

务子：看意志力。

5. 人要有人格，报要有报格

微博

范以锦V：有人说过“风格即人”，我们也可以这么说：“报格即报人。”人要有人格，报要有报格，而报格与人的品位、风格、个性是联系在一起的，办报人有什么样的格调就会形成什么样的报格。伦理缺失，没有良好报业文化支撑，报格必然滑落。没有个性和品位的报纸，无法被市场认可。

互动

高秀东：报格即人格，人品即报品。

法律人达达：“伦理缺失，没有良好报业文化支撑，报格必然滑落”，这句话说得很切题。

幼儿园大班生：理想与现实，格调与市场……

黄河瀑布：个性品位。

行者乐远：电视栏目也是同样道理，学习了！

朱海威haywire：学习了，内化的人是外化的报纸最重要的影响因素。

榨菜的窝儿：在信息爆炸的现代社会，有些媒体偏离职业操守，对血腥暴力的事件加大报道力度，甚至制造虚假的媒介事件。“守城者得市场，失信者失人心。”企业的发展需要树立良好的形象，诚实守信是基石，报业的发展亦需要仰仗长久树立的报业形象，需要品质保障，需要有良好的报格，这样才能走得远。

小不点： 有报格的新闻人，才会产生有个性、有品位的报纸，读者也才会愿意买单。

张洋： 不单单是办报人重要，新闻从业人员的职业道德和专业素养同样能影响到一份报纸甚至整个新闻行业的生存环境！

6. “权力假话”应对

微博

范以锦V：如何应对权力假话，也涉及伦理问题。尽管国家高层反复强调信息公开，及时披露真相，但有的地方政府我行我素，甚至编造假话指令所在地的媒体刊登。在权力假话与新闻道德激烈冲突的情况下，媒体也许会无可奈何地“执行”假话，但决不能渲染假话，更不能主动配合帮忙制造假话。

互动

玲玲淡小妹：对假话真实记录，也是一种应对！

阿信的五月天：难道在权力假话与新闻道德激烈冲突的情况下，媒体只能客观地复制假话？

2021老编：难为您了，范老师。这个问题实际上不容易说清楚哦。

谭铁匠：媒体的苦恼此刻在于：不能说真话的时候，还无法保持沉默。

浪漫的小熊：媒体人切记：群众的眼睛是雪亮的！

世笑瑾：值得权衡。

---

mediajl：当媒体利用自身以专业而塑造的公信力来讨好“上级”时，它正在丧失公信力，从而丧失了被“上级”利用的价值。

袁端端：事实上地方政府为一己私利、为部门护短而编造假话距离道德沦丧只有一步之遥。记者再帮忙造假、圆谎更是完全丧失了舆论监督职能。如果实在不能避免发稿，也必须客观清楚地写明消息来源和发布机关，并尽量简洁、弱化版面效果，让大众明辨谎言是非，其实读者也是很智慧的！

微波小咖：老师，在现实操作中，我们只能这样妥协式地取舍，是可以理解的。但是既然已经突破了底线，那接下来的过错该怎么清算？分大错、中错、小错？能执行假话，但不能渲染，不能主动配合，能和不能之间的界限在哪里？反过来说，有的地方政府既然能要求媒体必须执行，那会不会要求媒体“主动帮忙制造假话”呢？

范以锦：回复@微波小咖：谎言制造者不会说“这是假话”，

只会说“这是真实的，必须报道”。一般来说，不会露骨地要媒体去“制造假话”。媒体绝不能心领神会去迎合，主动造假。

榨菜的窝儿：真实性是新闻工作的首要准则，新闻记者作为把关人要把握好信息源，分辨好现象真实与本质真实、宏观真实与微观真实。2008年我国颁布《政府信息公开条例》以来，新闻发言人制度逐步完善，但是有些时候发言人制度还是流于表面，难令人信服。新闻记者要坚持真实性原则，不屈服于权贵的无理干预。

7. 警惕“正面宣传”中的场景复制造假

微博

范以锦V：新闻造假有三种类型：没这种事，完全凭空捏造；有这类事，事发时未采访到当事人，事后重新摆设场景；有这类事，找不到当事人，指使他人代替复制，比如播放盗墓事件就发生过雇人展现场景。“正面宣传”中的场景摆设复制，更是司空见惯。惯性下，就会延伸到其他报道的造假中。

互动

郭全中： 新闻伦理现在成了稀有品。

夜枫灯华： 世风日下，都管不了，为了钱么?

偉龍想飞： 时下电视新闻很爱玩摆设场景，又没什么创意，是对新闻真实性的亵渎。

燕鹏v：坚决抵制有偿新闻。抗议新闻造假。

姚燕永：外国和港台报道案情时目前多采用模拟手段，除非真的很巧记者正在案发现场。但大陆经常可见伪造的现场。

范以锦：回复@姚燕永：公开向受众讲明采用模拟的手段，很正常。那种为了吹嘘自己抢到了独家新闻，而不惜复制场景的造假行为，就与职业道德相悖了。

榨菜的窝儿：曾经轰动一时的“纸包子”事件便是没这种事完全凭空捏造，造成了较大的负面影响，以至于北京人一度不敢吃包子。特别是网络普及后，由网络推手和网络水军炮制出的假新闻增多。抵制形形色色的造假，传统主流媒体更要带好头。

8. 转型期新闻道德问题愈加凸现

微博

范以锦V：媒体转型期道德问题愈加凸现：新闻竞争会使一些人为了小团体利益铤而走险；随着媒体市场化而建立了利益激励机制，有人为一己之私而不顾社会效益；开放环境和新技术发展，既为采访提供了便利，也有人利用便利条件和新技术干缺德的事，类似新闻集团的问题随时都可能发生。

互动

芳草--浮云：职业和行业的道德问题，确实很重要。老师在讲课的时候一直在或多或少地强调。

姜心比昕：不过，干了坏事，被发现的“风险”也越来越高了。

曲向伟：在这个浮躁的社会，作为媒体人和媒体从业者还是要有“新闻专业主义”的理念作支撑。

孙荣凯_Sam：隐约能意识到您说的是什么，但还是很模糊，也许入了行后就多少会接触到了吧……

榨菜的窝儿：为了获得一鸣惊人的新闻而采取非法手段采访，牺牲公众利益，这种有悖于新闻伦理的新闻记者和报纸是难以长久发展的。邵飘萍言“新闻的灵魂应‘冷静活跃于理智之世界，而耕耘于世人感情之田亩’”，报人要获得长久发展则应立足于公共利益，符合受众感情，不为蝇头小利砸了自家招牌。

9. 采访受害人要防止二度伤害

微博

范以锦V：受害人被伤害后，媒体跟进报道中，在揭露侵害者的时候，往往曝晒许多具体细节。直接效果是能激发对侵害者的义愤，但无休止的曝晒往往将受害者遭受的凌辱、隐私也公开了，无疑给受害者的伤口再撒上一把盐。为了吸引读者眼球，不顾受害人感受而造成二度伤害，有失伦理底线。

互动

狮子之王：新闻报道应有一定伦理底线。

双人徐小鱼：这种问题真是极难处理。记者一方面需要真相，另一方面真是极不忍心去揭对方的伤疤。

新闻不发炎：最鲜活的案例就是深圳西乡联防队员“强奸门”。

小不点：去年发生的联防队员的事情，记者们对采访对象就造成了二次伤害。

黄义仲V：现在媒体常干这事。

可爱的章杰：引以为戒！

榨菜的窝儿：去年发生在深圳的杨武案，媒体聚焦的对象为杨武及妻子，杨武被冠以“最窝囊最没用的丈夫”，媒体甚至一度在杨武妻子床前拍照，详问受害细节，使得杨武在记者面前下跪求饶。记者在采访灾难性事件时应掌握一个度，在写稿时也应把握对血腥暴力现场描绘的度，以避免二次伤害。

10. 维护民众尊严，传统媒体更要担当

微博

范以锦V：网络媒体一方面可以披露传统媒体看不到的某些真相，推动舆论监督，另一方面披露的信息又真真假假，甚至无中生有。人肉搜索的滥用，在自娱自乐中恶搞他人；对持不同意见的人的隐私和应有的自尊无限制地“狂轰滥炸”，都是非理性的。维护民众尊严，传统媒体更要讲担当。

互动

XHNA民--工：范老师，网媒已经让传统媒体疲于奔命了，不断地爆料，频繁地核实，结果却不甚理想。

夏小宇Melody：其实这就是新闻媒体人的职业道德问题。总而言之，要用事实说话。

刘海明8888：我们把《报纸的良知》当教材，讲新闻伦理。

榨菜的窝儿：网络是一把双刃剑，带来了传播的便利，使得人人都可以成为信息传播者，但缺乏专业主义精神，某些人甚至为了获得一时的利益策划虚假事件，伤害网民的情感，因此需要有相关的法律条文对网络媒体进行约束。传统媒体有些新闻源来自于网络，需要认真核实新闻，做好新闻的“过滤器”。

11. 把握好平衡点才能客观反映真实

微博

范以锦V：维权人员“跳桥”，早些年的报道往往一边倒。这里牵涉到二律背反问题，也就是两种规律并行不悖，表面上看两者都正确却相互冲突。跳桥者说，我不得已而为之；路人说，此举影响交通，损害公众利益。媒体不应受单方面意见左右，要把握好平衡点，不客观、全面，势必不完全真实。

互动

李筱歌：新闻从业者应做到客观、真实、及时地报道并传播引导正确的舆论导向。

朱海威haywire：学习到二律背反！遇到这种情况，要做到客观确实不易。

赫敏与荞麦：还记得大一时小唐分析过的海珠大桥的案例。

榨菜的窝儿：影响媒体观点的因素好多，做到新闻专业主义难上难。但是要坚守就考验一个媒体人的职业素养和道德修养了。要保护记者的权益和报道环境。

夜坐听风：客观、全面、真实。

jiangzhuzhuer：现如今这种观点一边倒，群体失语，被发言的现象也大量存在，新闻专业主义与新闻商业主义，到底谁占了上风？新闻从业者到底能否坚守住这道防线呢？

榨菜的窝儿：“鱼和熊掌难兼得”，但是要作出客观公正的新闻报道，需要把握好公众和政府的平衡，媒体要做好桥梁工作。冒着生命危险跳桥维权、为阻拆迁自焚等都是有难言之隐的，记者要做到“下情上传”，不能仅仅停留于事件的简单报道。要挖掘背后的真相，不能偏听一方观点，要以社会学家的眼光来看问题。

醉意人生：追求平衡报道是体现新闻客观性的好方法。

三文鱼：比起真实，做到平衡更难。

12. 力求正效应大于负效应

微博

范以锦V：揭露阴暗面或突发性恶性事件等报道，即便报道得再好，也难免夹杂负效应。如果把握得不好，负效应可能大过正效应，或全是负效应。拿捏水平对媒体来说不只是体现业务能力，还关系到责任、道德。负责任的媒体，会准确披露真相，把握好分寸，善于疏导，力求正效应大于负效应。

互动

郭全中：专业、职业化和责任感是媒体伦理的前提。

姑娘小七：确实，记者的拿捏水平也很重要。每天一茶座，收获多多。

猛儿看世界：很好地解释了什么是负责任的媒体。

Miss沐子：现有很多不负责任的媒体拿捏水平亟待提高。

章子夫：比如之前的“针对小学生的暴力事件”。

毒鼠弱：这是安身立命之本呵。

ND草履琼：范老师说得极是，这也是我们这些入行不久的新闻从业人员最为头疼的事情。

虎妞看天下：我曾经发过此类感慨，结果招致一片骂声。不仅是媒体，普通受众的媒介素养同样需要通过受专门教育来提升，比如：一不要盲从，二不要煽风点火。

蓝昕美：记者这职业，越当越怕，越当下笔越慢。

腊梅花开的日子：讲得很好。但是，既然是阴暗面就应当在烈日下曝之。负责任的媒体应是有良心的媒体，是以治病救人为目标的媒体。过多的“拿捏”背后必然是以牺牲真相的完整或披露延迟为代价。当然，排除因案件的侦破需要而采取的权宜之计。试想，哪一次手术不流血，无疼痛？

朱海威haywire：这是“新闻专业主义”所强调的重要内容！

七七默北：媒体的正负效应对舆论、对社会认识方向上都至关重要。

薇语沐之：是啊，然而可能当你坚守着新闻从业者职责的时候，你很难做到拿捏得很好，就像你本该高举镜头前进，却无从于是否当放下镜头。

SeeYouming：分析舆情，慎选角度，摆正事理，把握分寸，正面引导，体现责任道德和价值。

jiangzhuzhuer：考验记者的专业素养。

海纳百川淋：做负责任的媒体人。

榨菜的窝儿：如自杀报道过于集中和“故事化”，被批评具有煽动性。英国《BBC制作人报道指引》指出：“自杀是正常的新闻题材，不过若按真实情况报道自杀消息，有可能引致他人模仿。报道时应避免美化自杀或简化死因，也不应令受影响人士更加悲伤，照片和自杀方法细节不应刊登，尤其是当该方法并不常见时。”

13. 隐性采访可用勿乱用

微博

范以锦V：卧底暗访是否合乎伦理，一直有争议。信息能公开透明，媒体也就可以光明正大采访，但现实并非如此。如果以“伦理”之名完全反对隐性采访，脱离现实社会环境。有些地方、某些机构一味隐瞒事实真相，媒体只得举起隐性采访的利器，但滥用、乱用乃至伤及无辜，则有悖伦理。

互动

长空剑007：这就要考验媒体的能力和艺术性了。

钟跃东：1．唯一原则，是否在现实条件下只有暗访才能获得相关信息。2．公共原则，暗访目的是为了公众利益，而非私利。暗访领域是公共领域，而非隐私。

曲向伟：记者冒险暗访也是无奈之举，如果在很多环境下，信息可以公开透明，哪个记者会愿意选择这个危险举动呢？

章子夫：这方面国家还没有出台相应法规，对记者来说也是个挑战……

坚持做彩云：需要相应的保护政策，调查刻意隐瞒的社会阴暗面。

jiangzhuzhuer：道德与法律的碰撞在新闻采访中体现得尤为突出，至今还没有明确成文的法律将它们在新闻这个结合点上区分开，这就得靠记者的自律和公众的他律共同发力！

榨菜的窝儿：本科时候实习时的第一个活儿便采用了卧底的隐性采访，当时是在网上获得了爆料，说某地有一处违规建筑，电缆横入房屋，违反了房屋安全建筑的相关法律规定。在找到该处建筑时，只能在外围看到房子，于是伪装成租房客进去看了内部构造。隐性采访需要保障记者的安全，为了采集新闻素材，记者不能过头采访。

王建洪：卧底暗访，为的是揭开事实真相，还社会一个公道，才能使法律公正，行之有效，有什么可非议的？恐怕是有人怕真相公之于众吧。

世笑瑾：当前，国内的新闻舆论监督环境使得从业者必须要在坚守新闻理念和做好“喉舌”之间游走，这就要恰当地把握“度”。

14. 价值观与新闻价值四辨

微博

范以锦V：新闻价值观与新闻价值有四种因果：价值观正确，报道实现了新闻价值；价值观没问题，囿于条件制约，报道结果无价值；价值观有问题，影响新闻价值呈现；价值观有偏差，运用不当手段获取新闻，但报道结果有新闻价值。新闻伦理涉及道德和价值观，不能偏离伦理去追求新闻价值。

互动

曹轲：价值观与新闻价值四辨。

榨菜的窝儿：辨别新闻价值需要新闻从业人员的火眼金睛，这样才能报道出又有真实性又能吸引眼球的新闻。

小黑都被人取了：在中国，当新闻价值与新闻政策冲突时一般都会偏向后者，但是有时我觉得有些政策根本不健全，从而导致一些有价值的新闻被埋没。

榨菜的窝儿：面对突发性事件和灾难性事件时，是先救人还是为了新闻价值而守望？之前有媒体报道下雨天井盖没盖好，拍摄了路人骑车翻车的镜头，引起社会的广泛争议。为了拍摄而明知有危险却不救人，这样的报道是要否定的。

jiangzhuzhuer：首先得价值观正确，然后选择正确的实现手法！而往往最难保持的是对正确价值观的坚持，价值观这种指导性思想的培养得力于知识、经验的积累和独立的思考，而它也时刻受到社会道德伦理的衡量和限制！

15. 运用道德机制把握好三种力量

微博

范以锦V：影响媒体生态的三种力量：组织的力量，即政府对媒体的运用和管理状况；大众的力量，受众满不满意关系到媒体传播效果；市场的力量，即广告经营等对传媒的影响。正确处理好三者关系，需要智慧和艺术，也需要道德约束。运用道德机制找到平衡点，才能确保传媒业健康发展。

互动

朱海威haywire：对组织是智慧的艺术，对市场是道德约束，对大众是问心无愧的态度。

世笑瑾：媒体的大智慧就体现在如何游刃有余地行走于政府、市场和大众之间，找到三者间的契合点。

叶家湾小流氓：实际操作起来很难！

扬州杨健：这是媒体的生存性智慧。

柳骐：夹缝里求活路。

海茗媛：我是媒介的初探者。我觉得媒体生态环境的构建需要组织的保障、大众的监督和市场的检验。不知道可不可以这样理解呢?

蒋小小艳：这应该就是媒体生存与发展的最大法则和本质规律啦!

糖糖的围脖1122：要正确处理好三者关系，还需要有明确的法律规章。只有清楚了各方的底线，才能保证良性互动不跨界，大家都在自己的范围内健康发展。

郭全中：在当下中国，在三种力量中寻找到最佳的度，在夹缝中求得生存，非大智慧不能做到!

郭全中：有奶就是娘的媒体必然是下作的媒体。

文一与胖年：所谓道德机制，核心在“德”的坚守，重点在“度”的掌控，难点在“术”的运用。

郭全中：在当下中国，每种力量都重要，有些力量不是媒体想要或者能够控制的，但是身不由己，关键是如何用有益的力量消解不利的力量，来实现自身的发展和推动社会的进步，如何实现力量的均衡很重要。

曾华平Bobile：媒体也要玩平衡，特别是有理想的媒体。

郭全中：媒体不是生活在真空中，它深深地根植于当下中国，而且还要肩负让无力者有力，让悲观者前行的重任。不会玩平衡，不要说实现理想，连活下去都很难。

广东广州日记：敏感题材做不做，争议稿件发不发，没有领导拍板，普通编辑记者哪里能定？所以看似无脑，实则无奈啊！

郭全中：你说的这个问题和范老说的不是一个层次的问题，你说的是具体业务层面，而范老说的是媒体的整体运作，呵呵！

广东广州日记：嗯，的确。理想很丰满，现实很骨感。我还是悲观的乐观主义者。

郭全中：正因为现实很骨感才需要大智慧处理那么复杂的关系，呵呵！

榨菜的窝儿：随着大众媒介的发展，大众和市场的力量在强化，受众纷纷从幕后走向了台前，不仅是"受"也开始了"攻"，因此媒体相当重视受众的需求，开始多渠道地推广自身，费尽心思抢夺受众的注意力和眼球，重视受众的体验。创新是需要的，但面对各种力量的较量和平衡，也需要新闻伦理规范

自己的行为。

光觅影：这也许是当前媒体的困境。

高向军：要正确处理好三者关系，需要有明确的立法限定，靠道德的血液不能保证媒体健康发展。呼唤《新闻法》。

结束语

四个系列百篇微文，始于学生问及就业问题，自己谈点人生经验，试图与大家交流分享。博友反应热烈，在思想碰撞中又使我获益良多，从就业问题扩展至对见习、学习乃至伦理问题的思考。博友的互动使对问题的探讨更立体化，因此这四个系列是与博友们共同完成的，我只是抛砖引玉而已。

博友跟帖点评

A. 四个系列是紧密相连的统一体

王希-小C：学习、见习、就业、伦理是一个紧密相连的统一体。见习可以检验学习，实践后再学习方能技高一筹；做好职业规划、树立就业目标，可以指导见习，通过见习也可以找准自我定位，调整就业目标，走出一条更适合自己的路；职业伦理则是根本，不论在哪个阶段，从事何种职业，始终都要坚守伦理道德。

吴城华拾穗：作为媒体人，不仅需要扎实的业务能力，还需要有理性的判断能力和伦理道德。范老师的四个系列切中要害，可以说是新闻学子们学习、实习、就业的完美手册。

郭全中：从就业到见习，到学习再到职业伦理等方面全面回答了新闻学生的问题，这是恩师几十年工作和生活中的人生经验，更是人生智慧，值得我们在工作和学习中思考和坚守，新闻学子有福了！

微波小咖：今天的百篇微博远远不够，建议大家主动挖掘，说说还想知道什么。期待范老师接下来讲讲自己的成长史，谈谈您在学习、见习、就业、职业伦理等方面的亲身经历和一些有意义的重大事件。

crab环环：作为新闻学生，学习是积累，见习是实践，就业是目的，伦理是根本，老师的经验分享给迷茫中的我们指引了方向，向合格的媒体从业者迈进。然而，除了个人成长的方面，关注媒体发展的大环境和大趋势也是必不可少的，老师在媒体经营方面有许多宝贵的经验，期待您在这方面开辟新的篇章并带来更多精彩的分享。

viRonica_GL：谢谢老师对学生的关切，每次逛微博都像在收集四魂之玉，扩散的各种观点，让我们受益颇多。

王希-小C：互联网的开放性为知识传播和学术探讨的便捷性开创了前所未有的局面，像这样利用微博随时随地进行头脑风暴，集百家所言，可谓是对“微言大义”的新的时代诠释啊！

南方在：百篇微文自成系列，建议范老师结集成书。别以为微博只能是碎片。书中最好把博友互动精彩辑录，体现网络互动的丰富性，会更加不同。

任帅-在路上：范老师，您的“新闻学生茶座”系列可谓滋养了一代新闻界的新生力量，可否考虑结集出版或编入南方报业系列的图书（如以附录等形式刊发），更好地进行传播呢？

朱海威haywire：转给广大新闻学子。这是宝贵的经验，浓缩的精华。

波叔叔是好朋友：范老师实战经验总结，仍在新闻一线的我深感共鸣。

斯如者逝：四个系列的百篇微文，浓缩了老师对媒体行业的深刻体察，对于即将踏上新闻之旅的学子而言可谓醍醐灌顶。正如哈佛、网易等各类公开课一样，这是网络时代网友的福利。

杨远昙在现场：唉，下了夜班前来师门重地。今天做的新闻又让我感触良多。做民生新闻真的会经历很多很多，一直以为自己在业界做着做着就全都懂了，现在才明白并非如此。

彭进同学：好的点拨，让人终生受益。

文一与胖年：老师的微茶座系列，本身就是一番创新实践，一个上乘策划，一套最佳教材。以社会热点为题，以身边人事为材，以微博平台为器。这个系列既是老新闻人高屋建瓴的心得分享，又有与众博友毫无距离的互动交流，侃侃而谈，一侃就是四个月。这份热忱，这份坚持，让学生肃然起敬。

袁端端：为人师表，最为闪亮的部分是启迪民智。美国CBS电视台《60分钟》的主持人唐·休伊特曾说过："作为新闻人，我们所擅长的，是向所有黑暗的角落里投下光亮。如果有人躲在黑暗角落里从事不应该的勾当，我们所做的只是把灯光打开。"百篇微文，也像一束光一样，给新闻学子以启迪，谢谢老师。

微波小咖：跟随着百篇微博一路走来，收获很多新闻知识，像在和老师面对面交谈。由最初的想提问却担心没质量不敢提，到现在一旦有不同意见就大胆叫板，我成长了。看到今晚的结束语，不忍就这样结束，期待范老师短暂休息后，继续品茶聊天。

B. 知识厚实才不至于"气短"

榨菜的窝儿：读书的时候有很多实践机会，要慎重抉择，不能捡了芝麻丢了西瓜，兼顾好实践和读书。本科有个学妹很心急，在大一的时候就想来广州的大报实习，个人觉得可以先从小地方的媒体做起，多阅读大报的报纸内容，学习打好基础，这样才能走得更持久。

常仙鹤：现在我重回到学校课堂补习经济学知识，听课尤其认真，对症下药，特别高效，对实习的帮助也是立竿见影。

盛佳婉婉：读研三年老师给了我太多学业实践上的帮助，老师让我知道了什么是可敬可亲可爱的人。以后走上工作岗位后，一定要努力做出成绩，才能无愧于师门。

一勺池：关于新闻和传播的教育，不论是专业实操还是理论或者理想，在十八九岁的年龄学两年仿佛就足够了，然后就应该勇敢地实践、实践、再实践……除非是立志做学者的，否则就赶紧从象牙塔里走出来吧！不过要做专业记者，还要补专业背景，比如经济学、金融学、政治学、法学……

肖文舸：学习和阅读可能暂时派不上用场，但是见习和工作久了，就会发现缺乏积累的“气短”，更不用提学习对树立正确伦理道德观和新闻价值观的益处。所以，还在校园里的同学们，赶快埋头啃书吧！

蔡胜龙：自然，记者跟纸媒一样，不单要能拿出有竞争力的内容产品，还要懂策划经营的战术，有谋划全局的战略，把自己从舢板变成航空母舰，市场也不再是小池塘，而是大海。老师的经历和想问题的思路能给触及天花板的媒体人以行业启示。

C. 思路敞开，就业宽广

王希-小C：非常赞同老师的“泛媒体就业观”，信息时代无处不新闻，无处不传播，现代企业几乎都有以信息传播为主的部门，新闻学生就业不一定限定在媒体。作为还没毕业的新闻学生，可以好好把握在校的时间优势，放开思路和眼界，多多尝试，将新闻所学运用到其他行业中，做复合型人才。

六凉：哈哈，我最喜欢老师的就业篇啦，看了不止两遍，特别是心绪不定时，很有疗效。

蔡胜龙：对媒体人来讲，老师的经历就是励志故事。从业两年，跟同行谈及最多的是记者的“天花板现象”，有些人入行后便安于单纯记录者的角色，安于原地踏步。其实行业也一样，在三网融合的背景下，纸媒作为传统媒体之一，要想不被广电抛在后头，就应该付出更多。

曲向伟：个人认为，不论哪个专业，一定要有一个明确的职业规划，并且要从事一个自己真正感兴趣的工作，相信这样未来的路才会走得宽广！

姻JOY：范老师这期的“新闻学生茶座”结束了，但是作为新闻学生，我希望这种通过微博讨论的学习还能继续，持续关注您，渴望听到更多您的弥足宝贵的从业经验。

蒋小小艳：从就业问题切入，向与其相关联的学习、伦理、见习延伸跟进，范老师给了我们一个全面且完整的如何为职业定位、规划以及如何践行的思考建议和方案！不仅让新闻从业者或即将走向新闻岗位的学生受益匪浅，同样这些规律也适用于其他领域的职业探究和实施。

D. 目标在哪？在见习中寻找

朱海威haywire：“经验是最好的老师”，以您的资历，这样的经验对我们这些新闻学子来说如获至宝。尤其是我们才开始实习，见习篇的内容让我们受益匪浅。

肖文舸：见习之后才明白学校里的收获与现实中的需要并没有对接上，实战中需要各种沟通的技巧，不轻易屈服于采访过程中阻挠与拒绝的勇气与“厚脸皮”、捕捉最佳采访时机的反应和所谓“稿感”……都需要见习才能获得。

蒋小小艳：在课堂上、现实中，我们会发现有很多问题都无法给出具体明确的解决方案，各种观点见仁见智，在新闻这一行业中更是尤为突出！这个时候，我想，需要综合运用把握好见习中的经验、学习上的积累以及新闻道德中的规范，否则就容易产生价值观上的偏颇！

妙语连娟：我还不算是一个资深的实习生，所以实习过程中的很多问题还没有搞懂，现在最头疼的是选题角度和提问技巧。我试过几次，因为问题拟得不够好，而且提问技巧没有用对，导致最后下笔时不知所措，难以写出彩。这个难题常萦绕在我心头，久久挥之不去。

spontaneous四号：实践出真知，对新闻专业尤其如此，看看我们班的同学就可以得到印证了，那些三年来一直坚持不懈在采写岗上的同学，现在新闻素养已经明显高出其他同学啦！人生马拉松中，沉下心来学习、思考然后撒开丫子跑总是没错的！

冬桑榆：见习、工作看上去开始最难，因为新环境总让人紧张迷茫，其实熟悉后才是真正的开始，因为需要在日渐平庸中寻找到适合自己的东西，还有突破，这都需要持之以恒的努力。

依达：入行一年多，回顾在学校的日子，几乎是学习和实习各一半的时间。建议在校生们先去实习一下，再回头看看范老师的新闻学生茶座系列，有些道理，非得要过几年才明白。

蒋小小艳：就业是个现实问题，然而不管将来从事何种职业，见习是对未来职业、对就业方向的试水和探索。在见习中，学到的也不仅仅是相关领域的专业知识和技能，还有为人处世等各种处理社会关系的技巧和学问。可以说，合适满意的就业是终极目标，见习是目标的试金石或基础。

糖糖的围脖1122：见习固然能够学到很多东西，但更重要的是通过尝试明确自己的兴趣，通过实践发现自己的不足，才能找到未来发展的方向和动力。哈，新闻小学徒还是对见习最有感触。

盛佳婉婉：这两年走马观花地实习了周报、都市报、内刊、电视台，有很多失败的教训和一点点成功的经验。就我个人体会而言，如果以后想要进都市报或日报，多换些地方实习是有益的，特别是对我这种不知道自己以后该专攻哪一领域的人来说。不同的媒体也能拓展自己的视野，丰富自己的思想。

盛佳婉婉：不过，就我知道的，还有一群牛人，他们从研一就目标明确，干劲十足。进一个媒体实习后，两三年不换地方。这种人一般在实习的时候就能在媒体领域作出一定的成绩。当然，回报也是很丰厚的，比如拿南都奖学金、学校里的各种奖学金。真正牛的，还是以后找工作，即使在实习单位留不下来，也很容易找到工作。

E. 理想、道德、激情……我们走在新闻路上……

世笑瑾：新闻事业的不断进步靠的是新闻人在自己的实践中不断切磋和反思，现阶段我们探讨的关于就业、见习、学习和伦理是处于当下的，或许若干年后回头看，会发现某些问题或已解决或又有新的问题在考验着我们。只是说，我们要不断地在新闻实践中深化认知和创新理论。关于新闻，我们一直在路上……

蒋小小艳：从硬性条件讲，源源不断地学习吸纳专业知识是毕其一生的任务，成就有价值有意义的职业需要不断更新和深入的知识储备作后盾；而从软性文化讲，伦理道德是始终拿来衡量所作所为是否符合社会道德伦理规范的标准。

妙语连娟：最喜欢老师的新闻茶座伦理篇，因为学习、见习这些业务操作上的问题也许可以在实践和书本中找到解决方法，但是道德观、人生观的问题就比较难领悟了，需要足够的时间观察。

蒋小小艳：我国的某些法律尚不健全，包括新闻领域中的相关法律法规，新闻法这方面应该说是存在着很大一部分研究的空白，最近很多同学在讨论媒体行为与新闻职业道德以及社会道德准则的时候，常常会陷入无法获得清晰解决办法的疑惑。

姻JOY：下午在中山大学听了展江老师关于新闻伦理的讲座，晚上范老师又以新闻伦理话题结束了几个月来的“新闻学生茶座”。讲座和茶座让我颇受启发，这不仅是对新闻伦理的阐释，更是前辈对新人的重托叮嘱。我也想在茶座结束时呼吁：新闻学子们，恪守媒体行业的伦理底线，因为只有赢得信任和尊敬的媒体行业，才不枉各位挥洒青春热情追求！

吴城华拾穗：曾经向往，正在追求，只因为媒体行业是自己埋下七年的梦。新闻人要做追求真相的夸父，要做维持社会平衡的砝码，要做监测环境的老鹰……良知与道德，激情与理性，学识与信仰，媒体人缺一不可。

榨菜的窝儿：很感谢范老师的百篇微文，从辛卯兔年到壬辰龙年，让我们学习新闻专业的学生品了甘甜的新闻茶，让我们在日后的学习和实践中有了更明确的方向，也进一步提升了新闻专业的素养。成为具有竞争力的T字型新闻从业人员，任重道远，要沉得住气，更要有坚定的意志！

心婧如水：每次在微博上看到老师的新闻茶座，总是要停下手指，陷入一番沉思。在浮躁的实践之余好好想想自己研究生三年追求的到底是什么。也许这就是老师教育我们的方式，不是一对一的苦口婆心，而是一种睿智的醍醐灌顶。

王希-小C：对于跨专业的研一学生，一方面要恶补专业知识，另一方面看到许多同学都有兼职和实习hold不住。坚持自己的选择、保持淡定也是一种考验！

斯如者逝：很多媒体从业者都是从实习生走过来的，实习对有志于从事传媒行业的新闻学子来说至关重要。但新闻是一个拼精力吃青春饭的行业。在可能的情况下，先从业再深造比本科毕业继续读研再就业更有的放矢，也更高效。

吴城华拾穗：老师的金玉良言，我们需要谨记。对于走在路上的我们，需要学习和总结的还很多。

心婧如水：研究生三年，失去了可以失去的，得到了应该得到的。最遗憾的就是在媒体实习的时间太短了，以至于对于明天的面试，自己还在寻找优势在哪里。其实仔细想想找工作那么久以来，还是对媒体情有独钟。作为新闻系的学生，希望自己的新闻缘还没有结束。

世笑瑾：从就业到伦理，关于新闻茶座的话题我们可以探讨和反思的还有很多。因为新闻所关涉的方面随着时代的发展是会历久弥新的，也就需要在实践中不断探索和研究。

斑斑LI：教学相长，看了老师的百篇微文，思考了很多，尤其是关于新闻理想和现实之间的问题，虽然还没明确的定论，但我相信自己如果真能从事新闻行业，要先学会做人，再学会做一名优秀的新闻记者。

杨名名：#我们是“新闻系”#专业培养、采写实践，学界业界老师的谆谆教导，集思广益的生活方式，让我们具备正确的价值观，乃人生取舍的关键。

常仙鹤：多年以后，请让我们一起怀念，#那些年，我们一起追的新闻系#！曾经因为向往这个行业而选择了这个专业，因为理论知识的平淡和外界评价的毁誉参半，求学途中也经历过犹豫和彷徨。几次实习，在老师们的善意引导下，又加深了对传媒行业的认识，明确了自己的职业方向，我想这就是新闻学子典型的心路历程吧！

肖文舸：正如范老师说的，经典大部头的积累，能让一个记者拥有厚重感，让你在需要的时候信手拈来，旁征博引。我至今还记得武广高铁开通时，当时南方日报记者赵佳月老师引用《岳阳楼记》“衔远山，吞长江，浩浩荡荡……”来形容武广高铁，稿子文采飞扬，让我顿时备感佩服。

肖文舸：许多像她一样的媒体人，有文采有素养，更有理想，在重大新闻事件的现场总能看到他们的影子。他们能在各种灾难各种困境下长途跋涉，顽强坚韧，挥斥方遒。活着，不止为了谋生。他们把自己从课堂上、社会上、实习时、工作中的积淀都毫无保留地挥洒在追逐理想的新闻道路上。

后　记

感谢博友热烈参与讨论，正是他们的互动丰富了本书的内容和观点。由于观点重复及篇幅所限等因素，部分博友微文未收入本书；微文转发中导致名字交叉难以辨别，收入本书时可能有错漏。这里一并表示歉意。微文的某些表述与常规的语法、修辞可能会有冲突，非原则问题，本书力求保持博友的表达风格。

2012年7月28日